HUMAN
CAPITAL
MANAGEMENT

人力资本经营思维

杨伟国 郭钟泽 著

中国人民大学出版社
·北京·

图书在版编目（CIP）数据

人力资本经营思维 / 杨伟国，郭钟泽著. -- 北京：中国人民大学出版社，2022.3
ISBN 978-7-300-30013-9

Ⅰ. ①人… Ⅱ. ①杨… ②郭… Ⅲ. ①人力资本—研究 Ⅳ. ①F241

中国版本图书馆CIP数据核字（2021）第228466号

人力资本经营思维
杨伟国　郭钟泽　著
Renli Ziben Jingying Siwei

出版发行	中国人民大学出版社			
社　　址	北京中关村大街31号	邮政编码	100080	
电　　话	010-62511242（总编室）	010-62511770（质管部）		
	010-82501766（邮购部）	010-62514148（门市部）		
	010-62515195（发行公司）	010-62515275（盗版举报）		
网　　址	http://www.crup.com.cn			
经　　销	新华书店			
印　　刷	北京联兴盛业印刷股份有限公司			
规　　格	148 mm×210 mm　32开本	版　次	2022年3月第1版	
印　　张	8.625　插页2	印　次	2022年3月第1次印刷	
字　　数	132 000	定　价	69.00元	

版权所有　侵权必究　印装差错　负责调换

序言

本书从当前处于繁荣成熟的第一曲线阶段的人力资源管理所面临的第二曲线的挑战谈起，涉及三个关键概念——人力资本、经营思维、风险投资型，帮助大家进一步理解和把握人力资源管理的未来发展趋势。人力资源管理领域发生了哪些变化？如何看待人力资源管理转型？如何应对管理范式带来的危机？本书从科学到实践、从理念到案例、从思考到方法，探索性地寻找人力资源管理的明天，以期为HRVP（人力资源副总裁）及CEO（首席执行官）等高管以及HR（人力资源）、eHR（电子人力资源）、HRBP（人力资源业务合作伙伴）、HRD（人力资源发展）等提供人力资源管理范式转型前沿理论及实践思考，为人力资源管理一线工作者提供可参考的典型应用场景，为所有人力资源管理者及爱好者提供新理念、问题思考及典型案例。

什么是人力资本经营思维？什么是风险投资型的人力资

本经营思维？我们从六个方面来回答这些问题。第一，新人才配置。如果你是风险投资者，你给创业者投资的时候会找一个什么样的创业者？这是 HR 在给公司招人的时候需要具备的思维。风险投资思维最核心的问题就是，一定要选最好（在某个领域非常强）的人。第二，深赋能激活。你招了这个人之后，会如何对待这个创业者？赋能是让员工自己把状态调整到最佳，而不是 HR 天天对他指手画脚。第三，高绩效牵引。如果你只投资而不考虑后续的事情，那很有可能会出现道德风险问题。风险投资者都期待项目的高回报，高到创业者可能无法实现。但是对于 HR 来说，达不到最高的目标没有关系，因为 HR 的任务就是给员工提供一个极高的目标，把员工所有的潜能激发出来。最终员工实际达到的目标会比 HR 原来制定的 KPI 指标高得多。第四，强激励保障。这包括两方面内容：一是让员工拿到的回报比在普通工作岗位上高得多，当然这仍然有风险；二是对赌，员工做得好就会获得比正常工资高得多的收益，而做不好就可能倾家荡产。第五，优服务支持。投资者在给创业者提供各种支持的时候本身并不一定擅长这些，所以企业还要有第三方机构提供的服务支持，HR 工作亦需要广泛的专业服务支持。第六，严审计约束。从风险投资的角度来看，严审计约束指的就是一旦发现经营出现问题，一定要尽早变现，减少损失。

未来已来，时代发展带来的变化正以无法察觉的脚步向我们逼近。员工不再是公司的劳动力，每个业务都和员工个体连接在一起。数字技术变革将业务与人力资本融为一体，企业经营从本质上已经转型为人力资本经营系统，传统的人力资源管理正在消失。我们不禁深入思索：人力资源从业者的未来管理方向是什么？总的来说，未来人力资源管理的方向有以下几个：(1) 从组织人力资源管理到个人职业支持。截至目前，人力资源管理的基本逻辑是，通过提供管理来满足个人发展目标，从而实现组织目标。这个模式已经落伍了。我们的任务应该是同时满足个人和组织的目标，甚至个人目标应该优先，即从事务价值到市场价值——利益相关者价值。(2) 从组织人力资本管理到社会（平台）人力资本管理。未来的社会，一个公司如果仅仅采用内部招聘渠道，它就会面临较大的风险。一是因为成本高，二是因为没有利用好更优秀、更灵活的资源。(3) 从人力资源管理到人力资源专业机构管理。我们可以很清晰地感受到，很多工作正逐渐交由第三方专业服务机构完成，而我们的工作就是找到合适的第三方专业服务机构，所以管理的能力已经发生变化，我们不能仅仅关注人力资源管理本身，还要识别谁能把工作做得最好。(4) 从甲方到乙方。未来，甲方（企业）的 HR 会有一部分人转到乙方做人力资源服务。(5) 人力资本经营新思维。我们最大的挑战是，如何从职能管理思维转换到组织经营思维，当然这种转换是我们唯一的选择。

有人说，这是一个最坏的时代，也是一个最好的时代。所谓"最坏的时代"，就是变化太大，给我们带来的挑战非常突然，而且具有根本性。我们过去在学校里所学的知识、在工作场所积累的经验都不足以应对这样的变化。所谓"最好的时代"，就是时代给所有人都提供了同一条起跑线，无论你年轻还是年老，无论你是博士还是学士，时代给所有人都提供了新的发展机会。更重要的是，我们能看到人类历史上如此重大的变化，也很幸运能生活在这样一个时代。

目录

引　言　寻求第二曲线 / 001

0.1　第二曲线 / 003

0.2　五星模型 / 008

第一章　新人才配置 / 015

1.1　懂市场的需求 / 017

1.2　选最好的人才 / 035

1.3　做主动的配置 / 039

1.4　做精准的选拔 / 044

1.5　建合适的关系 / 051

第二章　深赋能激活 / 059

2.1　赋能之源 / 061

2.2　赋自由：人才属性价值论 / 065

2.3 赋权力 / 067

2.4 赋能力 / 073

2.5 赋资源 / 084

2.6 赋环境：挖掘交往价值 / 089

第三章　高绩效牵引 / 093

3.1 新绩效：OKR / 095

3.2 新效率 / 108

3.3 新监控 / 119

3.4 新评价 / 125

第四章　强激励保障 / 135

4.1 激励原则 / 137

4.2 基于大数据的市场薪酬定价 / 151

4.3 效率薪酬 / 156

4.4 从薪酬到人力资本金融 / 163

4.5 总报酬 / 170

第五章　优服务支持 / 181

5.1 新人才服务 / 183

5.2 基于大数据的人才市场信息服务 / 192

5.3 基于大数据的高效人才配置服务 / 202

5.4 基于移动互联网的工作任务匹配服务 / 206

5.5 基于移动互联网的工作时间匹配服务 / 209

5.6 基于政府政策的社会保障服务 / 214

第六章 严审计约束 / 219

6.1 审计约束：决策—执行—审计 / 221

6.2 人力资源审计：一个定义 / 227

6.3 人力资源审计：五大要素 / 230

6.4 人力资源审计：五大基准 / 238

6.5 人力资本审计 / 244

6.6 科技革命催生人力资本经营新生态 / 253

参考文献 / 257

引 言

寻求第二曲线

0.1 第二曲线

近年来，HR 的价值被严重低估，或者说有些 HR 的做法，很难让人感知到其对企业的价值。面对环境的高度不确定性，组织需求加速了人力资源部门向业务导向转移，技术也推动了人力资源数字化的不断发展。随着技术工具以及组织流程的跨越式发展，人力资源工作发生了一些根本性的变化。例如，渐渐地不那么集中化，敏捷性增强，与业务联系更紧密。我们必须承认，难以预知的未来有可能颠覆 HR 的基础性工作，使你达到现在位置的东西不会使你永远保持现在的位置，如果你过度相信和依赖旧有的经验，那么你只能走向失败或平庸。持续地按一种路径"追求卓越"的曲线，恰恰是一条"追求平庸"的曲线。我们需要不断地自我升级和迭代，这就是 HR 的第二曲线。

为什么要谈第二曲线？其实这条曲线特别典型，企业的经营过程、个体的职业发展过程、产品在市场的运行过程，基本上都遵循这条曲线。第二曲线是指从拐点开始的增长线，任何一条增长曲线都会滑过抛物线的顶点（增长的极限），持续增长的秘密是在第一条曲线下滑之前开始一条新的曲线，这时的资源、时间和动力都足以使新曲线度过它起初探索挣扎的过程，如图 0-1 所示。

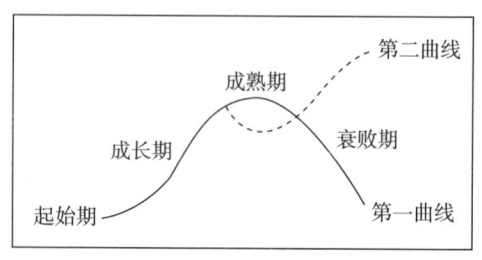

图 0-1　第二曲线

资料来源：汉迪. 第二曲线：跨越"S 型曲线"的二次增长. 北京：机械工业出版社，2019.

比如，很多人都有一部苹果手机，但是可能很少人有苹果的其他产品，如 iPod、Mac、iPad 等等。这些产品甚至可能会逐渐消失，消失的原因就是，手机所具备的功能已经完全或部分覆盖了其他产品的功能。有些产品最后就按照第一曲线的路径消亡了。再如，20 世纪 70 年代之前的人可能都见过打字和打印一体机，而现在的 80 后、90 后却几乎没见过。这些是典型的按照第一曲线发展的产品。所以关键在于能否在成熟期，即人生巅峰的时候，考虑自己可能面临的下降趋势。"第二曲线"最根本的特征是个体处在职业巅峰状态时，找到继续进步的路径。为什么在讨论人力资源管理的时候要提到这条"第二曲线"呢？因为目前的人力资源管理体系已经非常成熟，而当从业者觉得一切都在掌控之中的时候，整个局面实际上正隐含着往下走的趋势。

第二曲线最早可追溯到"创新理论"的鼻祖熊彼特，他说无论把多少辆马车相连接，都不能造出一辆火车。只有从马车质变到火车的时候，才能取得十倍速的增长。所以，第二曲线被西方称为增长的圣经，并且熊彼特认为只有当第一曲线向第二曲线转换的时候，才是发挥企业家价值的时候。除了这个关键时点，企业家在其他时候就会变回平庸的管理者。随后，"网络文化"的发言人与观察者凯文·凯利和"颠覆性技术"理念的首创者克莱顿·克里斯坦森也关注到第二曲线。凯文·凯利认为，互联网企业是传统企业颠覆的产物，涉及把系统打散或拆解为诸多基本要素，对不同要素进行重新关联与组合，形成新事物的过程。也就是说，行业发展会面临颠覆或创新，企业需要适应新的生态系统。克莱顿·克里斯坦森认为当位于第一曲线的企业面临非连续性创新的时候，这个企业通常不能转移到第二曲线，这称为"创新者的窘境"。提出"第二曲线"概念的人是管理学家查尔斯·汉迪。第二曲线的基本观点是：似乎一切都逃不开 S 型曲线，唯一的变数是曲线的长度[1]。也就是说，最终只是看哪个产品卖的时间更长而已，如果找不到创新的途径，终究是要衰退的。

汉迪还指出，第二曲线思维来之不易，它不仅需要理性分析，还需要想象力、直觉和天分，在付诸行动时还需要踏足未知领域的勇气。比如，乔布斯在 Mac 电脑还不畅销的时候就开始思考 iPod，在 iPod 主导市场的时候就已经在思考 iPhone，在 iPhone 还在成长的时候又推出了 iPad、Apple Watch 和 Apple Card，这些都是在第一曲线还没有到达巅峰的时候就提出了第二曲线。乔布斯的第二曲线是 Mac—iPod—iPhone—iPad，当一个产品到达巅峰状态时，他就会随之推出另一个产品。企业应该在处于巅峰状态之时，利用自己第一曲线的资源，率先进入第二曲线，因为你不革自己的命，就只能等着别人革了你的命。一旦第二曲线到达策略曲线的拐点，就会有十倍速的成长。若你未意识到这些，到时将悔之晚矣。所以企业需要"定时创新"，时间到了，就要进行创新。要在天气好的时候修房子，随时把自己维持在创业阶段，探索第二曲线的位置。举例来说，微软在 DOS 风光无限时，推出了 Windows；阿里巴巴在批发业务蒸蒸日上时，推出了新零售；亚马逊在网络零售远超他人时，推出了无人商店；奈飞（Netflix）在邮寄 DVD 业务最赚钱的时候，推出了影音串流平台。反观，诺基亚在手机销量全球第一时没有主动推出下一代手机产品，柯达在传统相机和胶卷业务处于顶峰之际也没有主动推出下一代产品。于是，这些企业赢了所有的行业竞争对手，却输给了时代，赚到了短期利润，却失去了长期的现金流。它们失败的原因，不是竞争对手，而是自己太过守旧的思想。

然而，想要自我革命是非常困难的，很多公司都会寻找一个创新点，据此设立一个新公司，让新公司和老公司同时发展。当新公司发展到和时代相匹配的时候，自然而然就会取代老公司。为什么第一曲线很难放弃？因为它很赚钱，仍然是企业的金母鸡。为什么第二曲线很难探索到？因为这是一个新的时代，充满未知，而且第二曲线在发端时不太赚钱。我们发现，不论是民营企业还是国有企业，不论是学校还是政府，特别是受2020年以来新冠肺炎疫情的影响，各经营主体的生存与发展都很艰难。给笔者的两个切身体会是：（1）必须乐观；（2）没有什么事情是解决不了的。

数字化不仅是企业第二曲线的前因，更是HR管理第二曲线的重要体现。在第二曲线的前因中可以找到HR要素，HR管理和HR行业自身同样存在第二曲线。今天，华为有19万名员工，平安有180万名员工，美团平台有1 960万个就业机会，有400多万真正取酬的人。如此庞大的人力资源量级要求企业必须依靠信息化的数字系统支持。

0.2　五星模型

阿里云也在寻找属于自己的第二曲线[2]。英国管理学家查尔斯·汉迪在《第二曲线：跨越"S型曲线"的二次增长》中提及：如果组织和企业能在第一曲线到达巅峰之前找到带领企业二次腾飞的第二曲线，并且第二曲线在第一曲线达到顶点前开始增长，弥补第二曲线投入初期的资源（金钱、时间和精力）消耗，那么企业永续增长的愿景就能实现。

在大战场高歌猛进的同时，阿里云在细分的IT（信息技术）基础设施软件战场中同样捷报频传。高德纳咨询公司在其报告中认为，阿里云已居全球云数据库市场第三，仅次于AWS（亚马逊云科技）和微软。换言之，在中国市场，阿里云数据库毫无疑问是老大，如图0-2所示。

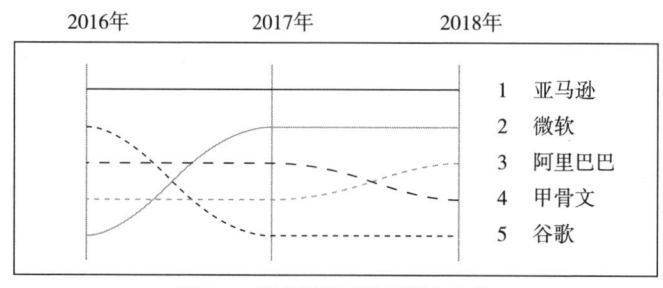

图0-2　数据管理系统云服务收益

资料来源：吴俊宇. 数据库：阿里云的第二曲线.（2019-07-01）. https://bbs.paidai.com/topic/1673523?v=1594926474.

随着传统数据库的弱化（以甲骨文为代表），会有更多用户选择云数据库，从这一层面来说，阿里云占据了下一个增长优势。与传统数据库不断下降的营收相比，云数据库正在快速增长。到 2022 年，预计有 3/4 的数据库会天然部署或迁移到云上。从数据维度看，云数据库在 2018 年 461 亿美元数据库市场中已经达到 104 亿美元。2017—2018 年，整个数据库市场的增长率为 18.4%，这是十年来最好的增长，而云数据库占增长的 68%。我们可以这样算一笔账——如果数据库总市场规模以年复合增长 15% 来计算的话，2022 年的总市场份额将达到 800 亿美元以上，云数据库也将达到 600 亿美元左右。阿里云作为全球前三的云数据库平台，还将在其中分得一大杯羹。2019 财年阿里云业务营收约 247 亿元，如图 0-3 所示。它在亚太市场排名第一，领先优势进一步扩大。同时，伴随着数据库总市场规模的增长，阿里云未来营收可能将得到大幅提升。

今天国内云计算市场的竞争日趋激烈，竞争对手日益增多、变强，阿里云虽然在公有云市场始终保持市场份额第一的位置，但压力也在逐渐加大。在数据库这个细分市场的稳扎稳打，让阿里云在未来依旧可以坐稳"头把交椅"。任何一家企业都不可能在单一业务上取得永久的成功，企业必然需

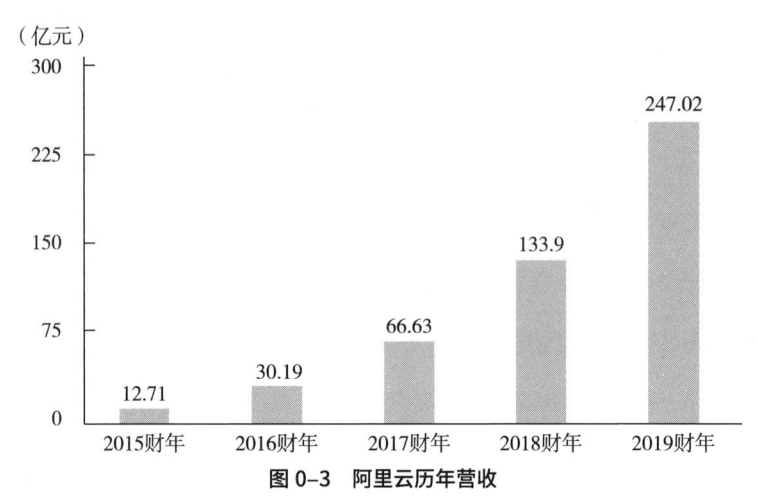

```
(亿元)
300                                                    247.02
225
150                                         133.9
 75                              66.63
            12.71    30.19
         2015财年  2016财年  2017财年  2018财年  2019财年
```

图 0-3　阿里云历年营收

资料来源：吴俊宇 . 数据库：阿里云的第二曲线 .（2019-07-01）.https://bbs.paidai.com/topic/1673523?v=1594926474.

要不断培育新引擎。当产出比投入多的时候，随着产出的增长，曲线会向上，如果一切运转正常，曲线会持续向上。但在某个时刻，曲线将达到顶峰并不可避免地开始下降。这种下降，通常可以延迟，但不可逆转。

似乎一切企业都逃不开 S 型曲线的魔咒。事实上，企业增长有两种方式：稳定的线性增长和第二曲线式的增长。稳定的线性增长是在原有曲线里，沿着原有的技术、产品、行业、市场渐进性地增长，只能产生 10% 左右的增长速度。但对增长速度要求越来越高的时候，10% 的增长速度已经满足不了一个卓越企业对自身的要求。第二曲线式的增长则是离开原有曲线的连续性进步，而是非连续性地跳到第二曲线里展开突破。在第一曲线还没有到达顶峰之时开启第二曲线，既有资源，又有士气，还有势能，可以帮助挑起第二曲线。

根据熊彼特的观点：无论把多少辆马车相连接，都不能造出一辆火车。只有从马车质变到火车的时候，才能取得十倍速的增长。但是从第一曲线转向第二曲线，有一道鸿沟，它们的性质截然不同。

找到第二曲线，往往可让企业始终维持在浪巅。[2]

阿里云业务发展需要第二曲线，为什么人力资源管理现在也需要第二曲线？因为现已驾轻就熟、效果良好的人力资源管理正面临着巨大的危机，这种危机不仅仅来自管理本身，也来自企业经营所面临的市场和技术的变化。当所有人在工作和生活中已离不开手机的时候，人力资源管理者还在使用传统工业经济时代的管理模式，这两者之间势必会产生矛盾。基于工业经济范式的人力资源管理已经发展到极为成熟的阶段，类似于第一曲线的巅峰阶段，然而经济范式在转换，管理范式也必须转换，此时正是启动第二曲线的最佳时机！更重要的是，这个第二曲线已经开始，创建已在路上，不仅需要管理细节的更新，而且需要管理体系的再造——风险投资型的人力资本经营思维。

探索第二曲线，必须要有观察力、想象力与执行力，要经常检视第一曲线，并思考第二曲线。哈佛大学的克里斯坦森教授建议，关于不连续创新，企业应该成立一个独立的单元，不受现在绩效考核与市场的影响，服务于未来的客户。必须在第一曲线还在上升的时候启动第二曲线的变革，因为只有这个时候才有资源应对第二曲线早期不赚钱的状态。等到迫在眉睫不得不变革时，已经没有资源可用了，那时将更难前进。本书基于第二曲线的思想和逻辑，为广大人力资源管理工作者提供了一个"五星模型"，如图0-4所示。

图0-4 五星模型

图0-4中，E（Empowerment）代表赋能，P（Performance）代表绩效，I（Incentive）代表激励，S（Service）代表服务，A（Auditing）代表审计。人才（Talent）一定处在模型的中心位置，围绕人才，人力资源管理工作者要给人才赋

能；要给人才提高要求，提供高激励；要充分利用社会专业服务机构，给人才提供服务；最后也要审计，看人才是否符合企业的需要，看企业的管理体系有没有风险。

总的来说，第一曲线和第二曲线可以整合为两句话：

第一，所有的成功经验都有陷阱，这是针对第一曲线的；

第二，所有的不确定性都有机会，这是针对第二曲线的。

面对各种不确定性，无论HR还是企业都应该找到自己的机会，构建出自身发展的第二曲线，实现华丽的飞跃。

第一章

新人才配置

人力资本经营的第一件事就是新人才配置。HR 选人主要是基于岗位说明书。岗位说明书里有职责、任职资格，每个都有七八条甚至一二十条要求。职责/任职资格的要求这么多，怎么能找到优秀的人呢？每一个条件都符合的人，最后基本上都是平庸的人，大部分人都是在某个领域很厉害，但在其他方面可能很差。HR 在选人的时候，要看候选人最强、最擅长的领域，然后帮他解决不强的领域。这是风险投资者要做的最重要的事情，选一个正确的人，后面的事情就简单多了。风险投资最核心的问题是，一定要选最好（在某个领域非常强）的人。

1.1　懂市场的需求

1.1.1　把握宏观形势

HR 经常说招不到人才，那这些 HR 有没有想过招不到的原因是什么？是企业对人才的要求太高，还是人才对企业的待遇不满意？如果HR没有深入研究招不到的原因，这个现象就会一直出现。但无论是哪种原因，对宏观形势的分析是企业能否招聘到人才的前提。根据宏观形势，尤其是针对公司招聘岗位的宏观形势进行分析，HR可以把握为什么招不到人，以及随之而来的可能发生的情况。

招人难，HR首先应该去预估其他同行企业、其他省份的市场上招聘需求有多大。研究发现，地区经济发展水平对创业者人力资本、社会资本与企业创业绩效的关系会产生调节作用（钱思，骆南峰，刘伊琳，等，2018）[3]。因为从某种特定的角度讲，人的供给在某个时间段内是固定的，所以问题就看各类企业的需求是多还是少。假设华为是在全国范围内招聘，它的HR就要看全国范围内的招聘情况。当然HR还需要看得更细一点，比如企业想要招聘的人力资源领域的人才在全国范围内的招聘情况如何，尤其是广东（华为总部在广东深圳）周边省市的招聘情况如何。

从图1-1中，我们可以看到2020年1—12月全国范围内的人才网络招聘需求，广东省的需求量最大，那么华为是否可以考虑将招聘重点放在浙江、上海、江苏这样既有较大的人才供给量，又距离广东近一点的地区呢？因为在人才供给一定的情况下，需求量越大，公司之间对人才的竞争也会

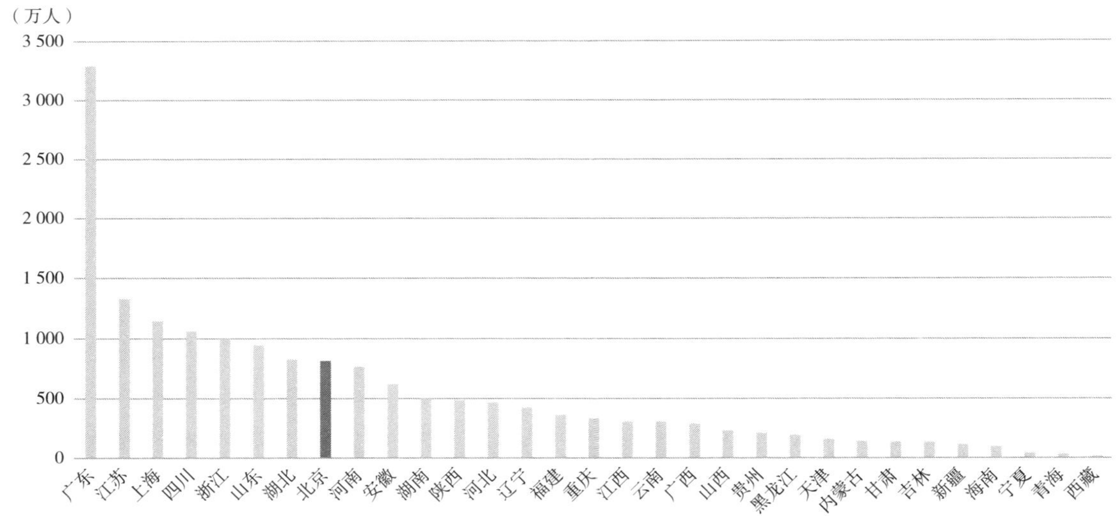

图 1-1　2020 年 1—12 月各地区人才网络招聘需求发布量

资料来源：佰职科技研究院*。

* 本节所用数据由佰职科技研究院提供。在数据采集、整理过程中，先由作者向佰职科技研究院提出数据需求，然后佰职科技研究院的技术人员按照要求，通过独创的求职领域全网搜索引擎，对网络招聘信息进行全网搜索，再将深度学习技术、自然语言处理技术和人工智能相结合，对数据进行智能分类和标准化处理，以进行大数据统计和分析。佰职科技研究院是国内首家将人工智能和搜索引擎技术应用到宏观就业领域，为解决就业问题提供整体解决方案和数据支撑服务的机构。

相应地增大，所以了解宏观形势之后，有必要决定是否要适当扩大人才的选拔范围。

以上是从地域方面分析，对于时间维度，我们是否也可以通过宏观形势的分析来进一步改进自己的招聘计划呢？显然，招聘有时是有季节波动的：在某些时间段内，招聘需求特别大，而在某些时间段内，招聘需求特别小。当然这种需求波动也可能与人员流动、毕业的时间节点联系在一起。那么，我们可以思考：如果企业能够反季节提供岗位，是不是情况会好一些？

再如，我们可以从图 1-2 看出北京市人才招聘在每年的第一季度发布量都相对较少，原因可能与第一季度不是毕业季的应聘高峰期，同时新年期间人员流动量大等因素有关。到了第二、三、四季度，人才需求量会呈增加的趋势，而像我们所知道的春招、秋招，从第二季度持续到第四季度，四大银行的秋季校园招聘，一般是从 9 月一直持续到 12 月。在当下就业难的情况下，企业如果在第一季度进行招聘，是不是更容易招到理想的人才？当然这只是从理论上讲，需要实践来验证。在对地区竞争度、时间维度竞争性进行把握之后，还应该针对企业自身性质在市场中进行定位。比如华为是一家高科技民营企业，其 HR 就应该去看同类型民营企业在整

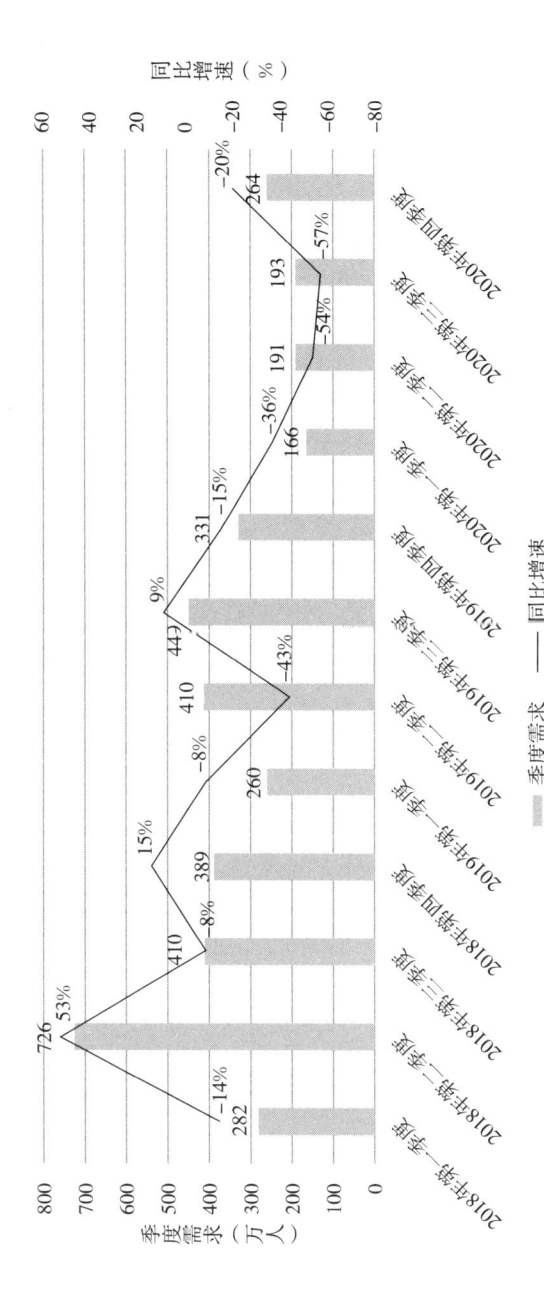

图 1-2　2018—2020 年北京市人才网络招聘需求季度发布量

资料来源：佰职科技研究院．

个招聘市场中的比例有多大。如果民营企业在全国招聘市场中占比不高，再加上民营企业的优势，例如薪资待遇高等，那它在招聘市场中其实是有竞争优势的。

另外，HR还需要考虑公司规模和所需人才的学历。如果大部分企业都去招硕士，显然竞争会很激烈，某些岗位可以考虑招本科生。千万不要以学历衡量人，只看学历其实就是统计学歧视。一般来说，硕士研究生肯定比本科生强；但这并不代表本科生一定比硕士研究生弱。为什么大部分HR要在招聘要求里说明只要研究生呢？因为一旦把应聘条件放宽，候选人的数量就会大增，而本科生中符合企业要求的人的比例又不高，这无疑会增加招聘成本。因此放弃本科生，直接招聘硕士研究生成为企业最优的管理决策。如果现在有一种人工智能或者大数据的筛选技术，将应聘者中无论是本科生还是硕士研究生，只要是能力出众，或者说符合招聘岗位要求的先选拔出来，那企业设置学历和专业限制就没有意义了。

此外，随着学历越来越高，个体最具潜力的部分可能会磨得越来越不突出。清华大学经济管理学院前院长钱颖一在"亚布力中国企业家论坛第十五届年会"上认为：将中国、美国、俄罗斯三个国家大学生的创造力水平放在一起比较会发现，中国大学生在大一时的创造力水平是最高的，在大三时的创造力水平是最低的。这同样说明了我们在招聘的时候，是不是可以适当放宽对于学历的限制，通过其他测验方式，选拔一些也许当前学历不高但是具有创造力和潜力的人才，即使暂时是以实习生的身份进入公司，也可以作为公司的人才后备军。2020 年 1—12 月北京市人才网络招聘需求按企业性质、公司规模和学历占比的分布如图 1-3 所示。

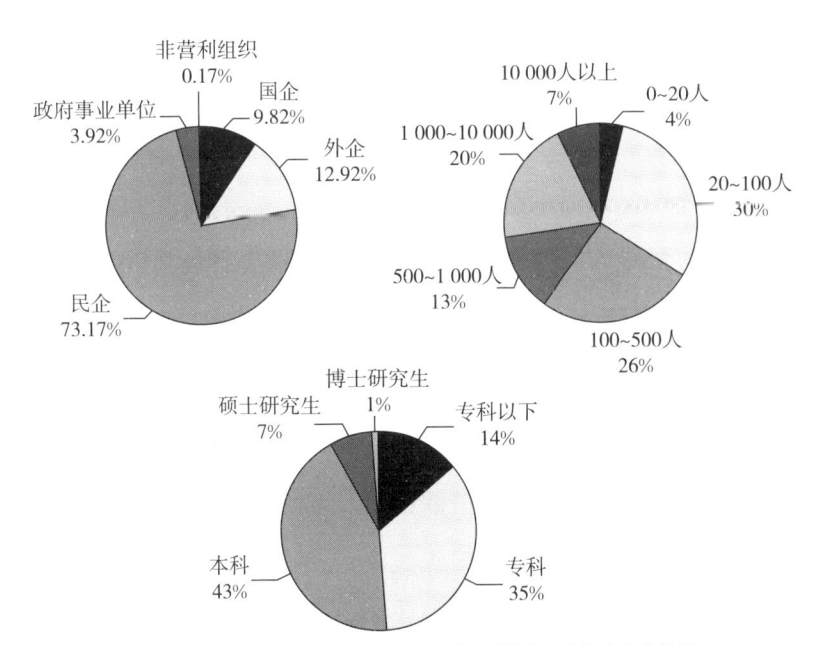

图 1-3　2020 年 1—12 月北京市人才网络招聘需求按企业性质、公司规模和学历占比的分布

资料来源：佰职科技研究院．

毋庸置疑，薪酬高低也会对企业招聘产生影响。所以，企业在招聘之前，对行业在本地区及周围地区的薪酬水平进行调查是非常必要的。如图1-4所示，我们可以根据北京市的应届毕业生起始薪酬和公司所在的位置来制定相应的工资以及福利。根据调查信息，基于本地区的基本水平，在公司能力范围内制定相对其他企业更加优厚的薪酬和待遇更有利于人才的引进。毕竟，同等的工作内容下，谁不想要更高薪酬的工作呢？

1.1.2 支持业务拓展

2014年，拉姆·查兰在《哈佛商业评论》上发表文章指出："是时候跟人力资源部说再见了，我指的不是撤销人力资源部执行的任务，而是人力资源部本身。"人力资源是组织的核心资源，人力资源管理部门承担了组织人力资源管理与运营，是组织结构体系的重要组成部分（王伟，王海斌，2019）[4]。在企业运营实践中，人力资源部门和人力资源从业者是要体现价值的，更有效地支撑组织战略，贴合业务发展需求，而不仅仅是事务性活动的承担者（Ulrich，1997）[5]。也就是说，人力资源管理部门要做的不仅仅是最初的完成业务部门传达的任务，根据企业发展的需求情况，以HR支持业务，从业务部门的任务执行者转向企业的战略合作伙伴才是发展

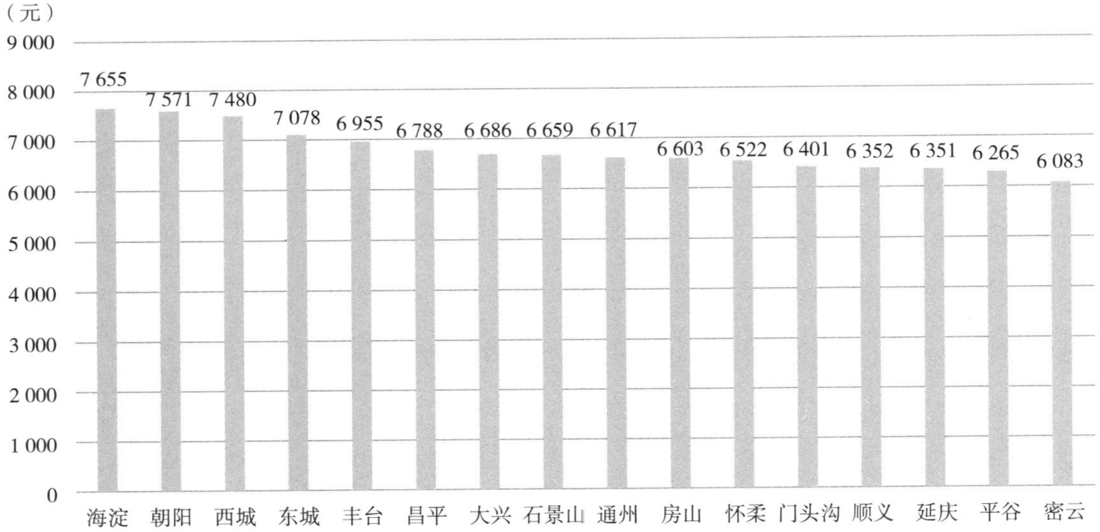

图 1-4　2020 年北京市用人单位（按区统计）为应届毕业生提供的起始薪酬（月薪）

区	月薪（元）
海淀	7 655
朝阳	7 571
西城	7 480
东城	7 078
丰台	6 955
昌平	6 788
大兴	6 686
石景山	6 659
通州	6 617
房山	6 603
怀柔	6 522
门头沟	6 401
顺义	6 352
延庆	6 351
平谷	6 265
密云	6 083

资料来源：佰职科技研究院.

的重中之重。

尤里奇最早提出了 HRBP 的理论框架体系——战略伙伴、变革推动者、员工倡言者和行政专家。此后他又提出了改进版的 HRBP 框架体系，提倡 HR 部门的管理工作应上升到企业经营层面——类似于华为项目经营的"铁三角"模式，即基于服务对象的客户管理、专业解决方案研发、实施与交付的"三位一体"。这最终演变为当前业界所关注的 HR 三支柱模式——人力资源业务伙伴（HR Business Partner, HRBP）、人力资源专家中心（HR Center Of Expertise, HRCOE）、人力资源共享服务中心（HR Shared Service Center, HRSSC）。因此，当下人力资源应当逐渐转变其在企业中的定位，由业务支持者转变为企业经营的合作伙伴（葛明磊，高欣东，张闪闪，2020）[6]。

微软 CEO 萨提亚·纳德拉写了一本书名叫《刷新》，在书中他提到了这样一件事：2008 年，微软开始开发一个代号为"赤犬"（Red Dog）的高度机密的云基础设施项目，由雷·奥兹负责。当时所有的同行，特别是竞争公司如谷歌、脸书等，都不知道这个项目。项目开展需要招聘人才，微软使用了网络招聘的方式。长期追踪微软动态的记者玛丽·弗利无意中发现了一则关于"赤犬"项目工程师的招聘广告，然后写文章推测该计划是微软应对亚马逊 AWS 的举措。可见，如果 HR 可以关注竞争公司的招聘岗位情况并进行一定的分析比对，紧接着在本公司内研究面对竞争的应对措施，就能尽快形成企业自身的竞争优势。

翰威特是全球最早提供人力资源外包与咨询服务的公司之一，在一次针对亚太区人力资源未来的调查研究中，他们对日本和印度的 50 多位 CEO 和业务负责人进行了访谈，以获知他们希望从人力资源管理职能中得到什么。访谈结果表明他们对人力资源部门对业务的敏锐度不足而感到失望。其中一位领导者这样描述："我的经验是，很多人力资源经理都不是很有创造力，也不是非常积极主动。特别典型的情况就是他们把自己看成是管理系统的监督者，而不是一个需要为公司创造巨大价值的部门经理。"此次调查还发现，有不少 CEO 开始要求人力资源部门建立与经营战略相匹配的人员战略。

总结上面两个案例，我们可以发现，在信息高度发达的互联网时代，人力资源的转型尤为重要。在企业战略规划中，人力资源适应社会转型的首要方向就是从辅助性部门转化为剖析企业长远发展的主要部门，由被动接受业务部门任务转化为主动勘测竞争情况。当前，我国企业之间的竞争还没有达到这个阶段。改革开放 40 多年来，中国与世界各国之间的留学生往来、技术交流为中国的发展提供了巨大的支持。但是企业必须清醒意识到，单纯依靠发达国家是不行的，中国必须要有符合自身发展要求的创新和人才培养机制。从人力资源的角度来看，在用人力资源部支持业务部工作的基础上，提升 HR 的敏锐度，主动为企业经营创造价值，这样的转型一定是符合时代发展潮流的。

此外，互联网的快速发展为经济提供了新的引擎。共享经济不断发展，如果从供给侧的角度去定义共享经济，共享经济平台要想达到生产和服务的经济效益最大化，就需要转变对供给和需求双方资源的认识，即互联网平台上的资源并不是海量的和闲置的，而是稀缺的、有限的（吴清军，杨伟国，2018）[7]。在信息及网络技术的推动下，人力资源共享服务中心作为一种新的管理模式逐渐出现在人们的视野中。人力资源共享服务中心（HRSSC）是指企业集团将各业务单元所有与人力资源管理有关的行政事务性工作集中起来，建立一个服务中心。具体职责包括：作为人力资源基础信息的集成中心，通过信息化技术手段实现员工自助服务，为员工、领导、人力资源管理者提供自助信息查询等功能；为员工提供"窗口式"的劳动关系建立与变更、社会保险、人事档案、入职离职等事项办理服务;为员工提供职称评审、职业技能鉴定等基本人力资源政策的问询答疑;负责人力资源信息系统的应用管理与运行维护;负责人员基础数据的维护与管理,定期进行人力资源数据统计与基本分析,推送统计分析报告等。共享服务中心是提升事务性人力资源活动效率的基础,将各级人力资源部门相同逻辑的事务性工作整合并开展共享服务,能够减少各级相应的人力投入,提高运营效率,并通过将整合后的事务性工作做精做强,实现工作标准统一、服务标准一致的目标,达成高效交付(王伟,王海斌,2019)[4]。共享服务中心的建立,既极大地提升了效率,又节省了一大批服务于业务的HR。这样一来,企业的人力资源部门可以专注于战略性人力资源管理的实施,更好地实现HR身份转换以及人力资源管理战略转型。

1.1.3 分析竞争对手

在对宏观形势进行分析之后,读懂市场需求的另一个方法便是竞争对手分析。竞争对手分析主要包括两个方面:(1)竞争对手在招聘什么样的人才?和本企业的人才需求是否一致？是否会对本企业的人才需求产生竞争？（2）竞争对手的人力资源管理水平处在什么样的位置？本企业的人力资源管理水平是否比竞争企业的水平高一些？我们的优势是什么？劣势是什么？如何改进？这两方面的问题都可以通过竞争对手的招聘公告和岗位说明书得到答案。表 1-1、表 1-2 和表 1-3 是几个招聘公告的示例。

表 1-1　某市云政数据管理有限公司 2019 年招聘岗位计划

岗位类别	人数	岗位职责	任职资格
招投标岗	1	1. 负责公司项目采购有关的招标组织工作。 2. 负责招标公告、招标文件的编制工作，参与开标、评标的全过程，根据评标委员会的推荐意见，确定中标人，发放中标通知书，签订合同。 3. 组织协调公司商务投标工作；制订投标工作计划，组织开展投标工作；负责投标工作中商务标的研读、经济标的编制，整体投标文件的汇总、审核、定稿。 4. 负责合同或协议的起草、会审、签订和管理工作，参与合同谈判的过程。 5. 建立合同台账，做好合同的归档与管理工作，保持档案室整洁有序。	1. 大学本科及以上学历，造价、预算、成本管理、项目管理、会计等相关专业。 2. 3 年及以上类似岗位工作经验，具有 IT 领域相关工作经验者优先。 3. 熟悉合同及招标管理相关法律法规，熟悉 IT 领域及造价管理和成本控制流程。 4. 具有良好的沟通、协调和组织能力，做事认真负责。 5. 能够熟练使用 Word、Excel 等办公软件。

表 1-2　某企业办公室人员招聘公告

招聘人员基本条件
1. 政治思想坚定，能认真贯彻执行党的路线和国家的政策规定，遵守国家的法律法规。 2. 开拓进取，创新意识强，有较强的事业心和责任感。 3. 具有胜任应聘岗位的专业技术能力、组织协调能力、文字写作能力和语言表达能力。 4. 能较好掌握办公自动化软件及相关业务信息化系统。 5. 具有良好的职业道德和较强的保密意识。 6. 身体健康，品行端正，性格开朗，吃苦耐劳，无违规违纪违法等不良记录。

表 1-3　某市城发环境股份有限公司新环卫事业部招聘公告

任职要求	主要职责
1. 学历：全日制本科及以上学历。 2. 工作经验：3 年以上行政工作经验。 3. 性格开朗，具有良好的沟通能力，爱岗敬业。 4. 年龄：不超过 40 周岁。 5. 其他技能：具有较强的语言表达和公文撰写能力，能独立起草报告、总结、讲话等综合性材料，善于协调、沟通和组织策划。熟悉办公室工作，具有较强的组织、协调能力，熟悉业务安排、公务安排、后勤管理等工作，能熟练运用 Word 和 Excel 等办公软件。 6. 特别优秀者可以适当放宽条件。	1. 负责起草公司综合性材料。 2. 负责公司重点工作督察督办。 3. 负责公司工作计划管理。 4. 负责公司宣传工作。 5. 负责公司信息化管理。 6. 负责公司档案管理。 7. 负责公司车辆、食堂、办公用品等后勤工作。 8. 负责公司接待工作。 9. 负责公司大型活动的组织。 10. 负责公司工会建设工作。 11. 领导交办的其他工作。

岗位说明书可以反映一家企业的人力资源管理水平，如表 1-1、表 1-2 和表 1-3 所示的岗位说明书，代表了中国大多数企业目前的人力资源管理水平。我们总结以上案例可以发现，当前大部分企业在招聘时对任职要求和主要职责的划

分没有条理且过于细致,这样招聘到的人才就一定是符合公司定位和岗位要求的吗?

我们过去给很多企业做过职位分析的项目,有时候一个岗位可能有20多项职责和20多项任职资格。如果这些条件都是"并且"的关系,那公司招到的肯定是平庸的人。天才当然是存在的,但是公司招到天才(或者说专才)的可能性太低了。所以我们给大家提供一个非常武断的建议:把岗位职责和任职资格都删掉1/3,就会发现招聘变得容易多了。HR可能会问,工作要求就是这样的,应聘者怎么能只懂一部分内容呢?这又引出来企业目前存在的另一个问题:管理单位定得太粗。

现在大多数企业是以岗位为单位进行人力资源管理,但未来都会变成以工作任务或者以岗位中的某一职责为单位进行人力资源管理。这对人力资源从业者而言是一个巨大的挑战,当职责变成管理单位以后,HR的工作规模会扩大、复杂程度会提升,同时招聘也会变得极其不容易。在中国企业的人力资源管理最基础的部分——岗位说明书中,用"负责"这个概念来描述岗位职责是非常普遍的现象,也是管理水平一般的明显标志。但是,"负责"这个概念太宽泛了。比如说,负责文秘工作的既可能是一个办公室主任,也可能是一个打字员,但两个岗位之间的差异非常大。因此企业 HR 必须用具体的动词来表述工作内容是什么层面的、什么领域的。

另外,公司在做岗位说明时还容易出现表 1-3 中的情形,没有对具体工作职责的描述,反而啰啰嗦嗦强调员工的性格、道德、品行、情绪等只是"看似"要求的要求,其实这些问题在后续的面试过程中都可以看出来,没有必要单列在岗位说明书中。并不是岗位说明书的要求越多、越长就越好,重要的是每一条都是"有效信息",这就要求 HR 在编写岗位说明书时,要条条精练,少一些"无用的话"。

编写清晰明了的岗位说明书是企业 HR 最先需要解决的问题,我们认为可以采用分层或逻辑树的方法。逻辑树因"麦肯锡工作法"而为世人熟知,它讲求如何在正确的方法指导下,以最少的时间、最少的资源达到目标。然而这些在课堂上满获喝彩的理论,在实际工作中却往往让人不知如何下手。事实上,逻辑树的道理很简单,"相互独立,无限穷尽"。从人力资源岗位说明书的角度来说,首先就是要将职责、任务分门别类,然后在这个方向的职责下,再继续进行工作要项和工作标准的细化。另外,岗位说明书是有岗位词典的(岗位词典也叫职位词典或职业岗位分类词典,它对存在的职业进行详细的岗位描述和任职资格说明),岗位词典中会区分工作任务的层次和领域。

我们用上述方法,将表 1-2 的职位说明书重写,详见表 1-4。

表 1-4 某企业办公室人员招聘公告(重写)

职责描述	工作要项	工作标准及要求
管理任务	起草公司材料	及时、准确、上报审核
	工作计划管理	有先见性,按照年度、季度、月份分别制订
	信息化管理	安排专业人员及时收集、整合信息
	重点工作督察督办	每周、每月针对不同重点的工作具体实施
	档案管理	及时收集、更新信息
宣传任务	大型活动的组织	制订计划,按计划实施,定期总结
	工会建设工作	制订计划,按计划实施,定期总结
	文化宣传	制定不同宣传方式,定期总结
后勤任务	客户接待	及时、友好地接待
	车辆、食堂、办公用品的分发安排	详细制定、合理安排

可见,在分析竞争企业的岗位说明书之后,有针对性地调整自己的职位说明书,根据工作任务对岗位职责进行分类,列举工作要项,一方面能在人才选拔上更加精准,符合岗位需要,另一方面也能更好地体现本公司的人力资源水平。

1.2 选最好的人才

1.2.1 谷歌"杀鸡用牛刀"

过去企业重视人岗匹配,而人岗匹配的核心假设是工作安排是固化的、最优的,所以人才来了以后只要把企业规定的事情做到位即可。在这种情况下,企业招聘到的人才,仅仅是"可以做这项工作"的人。但现在企业处在一个大变革的剧烈时代,HR要做的就不能局限于"招聘到一个员工",还要挖掘人才的潜能,让员工创新,为企业创造更大效益。例如谷歌,它的要求不是百分之一百的创新,而是十倍的创新。

谷歌成功的奥秘很多,但是离不开一条:它有一个神秘军团——由博士组成的军团。《Google的秘密军团》中提到了一个策略:谷歌在发展初期为实现敢为人先、创新驱动、战略领先的溢价优势,在人才管理上实施了"杀鸡用牛刀"的策略,大量获取既能研究又能动手、既能创造又极富主动性的优秀博士,通过研究与开发一体化的过程,迅速将人才优势转化为技术优势、竞争优势和商业优势。

在《浪潮之巅》中,吴军说:"做同样的东西,即使功能相同，做得好不好，价值可以有天壤之别……要保障品质，最好的方法就是'杀鸡用牛刀'。"举个例子，谷歌认为，一个本科生能完成的事情，如果找一个硕士生来做，那么一定比同类公司做得好；而更上一层来说，硕士能把你领到别人到过的地方，博士却可以把你带到以前无人去过的地方。吴军深有感触地回忆道："我到谷歌时，我们的前台接待员是一位斯坦福大学的毕业生。她果然展示了超出所有接待员的能力，她不仅是接接电话，让来访者登个记，而且把公司所有外事接待、办公用品采购及小宗邮件发货安排得井井有条。谷歌也许付给她的工资超出一般前台的一倍，但她完成的却是四五个人的工作。"

谷歌并不是没有最基本的成本核算观念，而是已充分认识到，在商业竞争的潮流中，想要占有一席之地，不能够只想轻松省事，而要想尽一切办法在自己品牌"擅长"的领域做到最好，提升品质才是长久立足的方法。另外，提出谷歌"杀鸡用牛刀"的例子并不是让大家争先恐后地去抢博士、博士后，而是说，一个企业必须要有不计成本、将服务和品质做到极致的精神，这样才能不断向前发展。

1.2.2 不拘一格降人才

在我国，和人力资源有关的最早的书籍是刘劭的《人物志》，书中有："盖人流之业，十有二焉。有清节家，有法家，有术家，有国体，有器能，有臧否，有伎俩，有智意，有文章，有儒学，有口辨，有雄杰。"我们在竞争对手分析部分举了一个"招投标岗"的例子，该岗位的职责包括起草招标文件、组织招标活动等。但是通常情况下，一个擅长写文章的人和一个擅长组织活动的人的能力结构是不一样的。把这两个能力要求强行组合在一起，招聘到的人很有可能要么文件起草得好活动组织得差，要么活动组织得好文件起草得差。然而企业目前的招聘模式却要求每个人都是全才。

众所周知，牛顿是一个非常厉害的人。但大部分人不知道，按照现在 HR 常用的素质模型，牛顿的情商非常低。有一则轶事说朋友经常调侃牛顿：你什么都好，就是情商不够高。牛顿回答：我这么高的智商，要情商干什么？可见，当一个人在某个领域中无可替代的时候，其他方面的能力其实并没太大意义。现在，HR 把"情商"无限扩大到所有岗位的任职资格中。事实上，在某些特定的岗位上，招聘到的人才只需在某些方面具备巨大的潜能，其他方面可以弱一些。所以企业必须反思职位说明书与素质模型，这不是要丢弃它们，而是要去思考职位说明书和素质模型中的任职要求是否过度。选人要抓住关键素质和能力，不能将素质模型无限扩大泛化。

企业在招聘过程中，一定会遇到许多的优秀人才，但是招聘人员也要思考一个问题：我们到底要的是最优秀的人，还是最适合这个岗位的人？其实，不同的岗位对能力的要求不一样。例如：服务类的岗位可以降低学历要求，管理类的岗位需要注重一定的管理经验，而研发类岗位，不一定要有丰富的经验，但是一定要有过硬的专业知识。那么在招聘过程中，我们就没有必要一味追求所谓的"优秀"，更重要的是人才的"长处"到底适不适合公司的定位或者岗位要求。

我们再来看一下谷歌招聘研发创新人才的要求。如图1-5所示，谷歌招聘研发创新人才有三个大条件：激情澎湃、热爱学习、善于思考。而对于其他招聘条件，例如需要有几年的工作经验等，没有硬性的规定。这样一来，谷歌招聘的员工不是千篇一律的符合所谓的"招聘标准"的庸才，同时各有特色，和谷歌本身的定位极度吻合。这种情况下的"不拘一格降人才"，"不拘"的是其他无关紧要的条件，而收获的却是最有利于企业发展的人才。

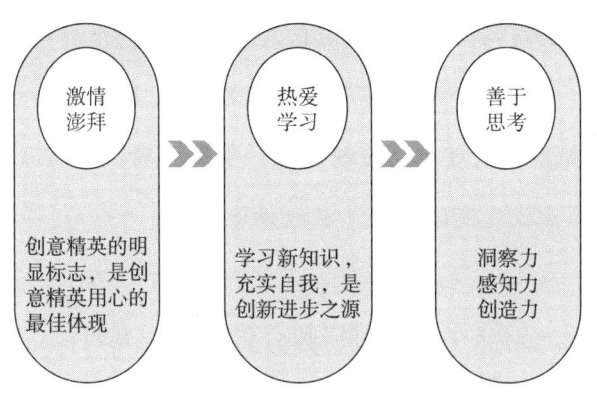

```
激情          热爱          善于
澎湃          学习          思考

创意精英的明    学习新知识，    洞察力
显标志，是创    充实自我，是    感知力
意精英用心的    创新进步之源    创造力
最佳体现
```

图1-5 谷歌招聘研发创新人才的三大条件

1.3 做主动的配置

1.3.1 招聘过时了？

下面是一则S省信息产业投资有限公司的X软件产业园项目2019年招聘公告。

（1）招聘程序

按照网上报名→资格审查→初选、笔试→专业复面、测评→终面→背景调查→体检→公示→聘用签约的程序进行。

（2）报名时间与报名方式

报名时间为2019年8月1日至2019年8月15日18时。可登录S省信息产业投资有限公司官网或S省汇融人力资源管理有限公司网站下载《S省信息产业投资有限公司招聘报名表》和《X软件产业园项目招聘报名表》，填写完整后发送到×××邮箱；也可通过前程无忧、智联招聘、猎聘网搜索"S省信息产业投资有限公司"在线投递简历。

这是一则非常常见的招聘公告，里面写明了招聘程序、报名时间及报名方式。如果按照这样的招聘流程，要招到一个合适的人，需要投入大量的时间成本和人力成本，单单是筛选合适的简历就要花费大量的时间，同时由于传统的人工筛选带有一定的主观色彩，也会造成匹配精准度降低的问题。放在当前的语境下，这种招聘方式显然已经"过时"了。那么，企业能不能做到岗位一旦出现空缺，随时就能配置完成？或许过去我们难以做到，然而随着大数据时代的到来和各国企业人才配置方面的创新，这件事逐渐成为可能。

数字化不仅仅是一种技术变革，更是一场认知与思维革命（彭剑锋，2018）[8]。建立大数据人才库是很好的方法之一，当下人才招聘已经不再是机械性操作，大数据算法和人工智能技术可以通过不间断的机器学习来获得雇主的用人偏好及候选人的求职偏好，然后将来自外部网络的候选人资料与企业档案进行双向智能匹配，快速进行智能推荐，这直接提高了HR招聘效率及候选人面试概率（李育辉，唐子玉，金盼婷，等，2019）[9]。在进行企业招聘时，首先利用大数据技术对应聘者的简历进行自动筛选，然后，人力资源管理部门通过大数据人才库分析应聘者与岗位的匹配度。一方面，大数据人才库可以为招聘面试提供一些参考；另一方面，建立企业的人才数据库及人才筛选系统，通过岗位分析进行人才选拔，可以更有效地实现精准化的人员配置。

谷歌的实践为我们提供了运用大数据来筛选简历的典范。谷歌的HR每月收到10万份以上的简历，面对如此庞大的数量和冗长的面试流程他们难免感到头疼，并且通过大数据分析发现，面试平均只要超过36次，边际效用就会大大降低，而面试效率和候选人的体验也会大大降低，所以性价比最高的方法之一是让面试次数减少到4次以下。谷歌的方法是运用大数据技术，让所有在职员工各完成一份300道问题的问卷，根据简历信息与问卷结果的回归关系建立一套数学模型，去发掘那些在校成绩不太好但有潜力的申请者（李育辉，唐子玉，金盼婷，等，2019）[9]。因此，大数据时代不但极大提升了人才选拔的效率，同时提供了更有预测性、更个性化的人才测评方法。

另外，也存在这样一种情况：应聘者本身对岗位的具体工作并没有进行仔细的了解,只是为了找工作大量地投放简历而已,应聘者的工作能力可能更符合公司里的其他岗位。这时招聘者可以根据应聘者的能力做适当的推荐,类似于我们所说的"调剂"概念。如果没有相符岗位,可以将应聘者的资料放入人才库,当企业需要这类人才时,可直接从人才库查找。

1.3.2 大数据时代的主动配置

数据科学家维克托·迈尔·舍恩伯格曾经说过:"大数据颠覆了千百年来人类的思维惯例,对人类的认知与世界交流的方式提出了全新的挑战。"在大数据时代,除了上述我们所说的比较基础的建立企业人才库的方式之外,许多企业不断探索自己的人才配置系统。IBM有一个员工调配中心,整合"全球工作机会"交易系统以及来自IBM员工登记网站的信息。"全球工作机会"交易系统内有IBM所有可用的工作机会,员工去浏览、点击,调配中心会分析员工浏览的次数、时长和时间段,是否点击,是否继续搜索相关资料等等。这样调配中心就能够分析员工的工作偏好。但是员工并不能想去哪个岗位就去哪个岗位。IBM还配备有技能定位器,它能挖掘员工在日常工作中随机出现的数据,利用高级算法推断他们的专业技能变化。所以IBM不需要再去走一系列复杂的招聘流程,招聘人才的需求在工作中就已经解决了。这显然能节约非常多的时间。

基于大数据算法和人工智能技术搭建符合企业需求的招聘管理系统，能帮助企业一站式管理全渠道简历，将面试环节全流程打通，实现了通信渠道实时消息通知，大大提升了企业业务部门和 HR 职能部门在不同地区间的互动与协作，以及 HR 与候选人直接的沟通效率（李育辉，唐子玉，金盼婷，等，2019）[9]。创建于 1994 年的智联招聘如今注册用户已达 1.4 亿，合作企业达 400 万家，它凭借大数据和 AI 技术打造开放的人力资本生态，颠覆了传统招聘模式，让人才和机会更精准高效地建立连接，拥有人才测评、网络招聘、校园招聘、高端招聘等多项服务。例如，一个经济管理类的本科生在智联招聘中填写基本信息和求职意向后，它会给求职者发送适合其专业或能力的实习信息，无须进行以往大量翻阅企业招聘信息的活动。对于企业而言，可以根据自身需求自由选择服务节点，实现企业招聘的高效。相比于传统招聘，智联招聘所创造的模式直接将人才和机会精准适配，大大节省了企业招聘的时间和成本。

另外，我们曾到阿里总部做调研。阿里大数据的监控非常详细：任意一家公司当天出货的数量、种类、时间点和总体业务量升降等都能看得一清二楚。也许我们可以和阿里合作，在人才配置方面采用这种方式。第一步，对业务量进行分析，确定对业务人才的需求。第二步，根据管理方式推断中后台管理人员的需求。通过大数据，企业不仅能知道需要多少人，还能知道这些人的工作内容。

无论是哪个部门的工作，都要讲求效率，而所谓配置，即有需就有供，是瞬时完成的一个动作。这就要求研究者在"需"和"供"两方面都要下功夫，在发现岗位空缺的第一时间及时补充，主动做好人才的配置，而不是停留在发布一条招聘信息，坐等人才上门这样简单的状态。

1.4 做精准的选拔

1.4.1 人才选拔新技术

在人才选拔过程中，我们都有一些约定俗成的人才选拔标准，例如要选择拥有良好职业道德的人、拥有良好团队协作精神的人、务实的人等等。但是我们如何将这些抽象的概念具体化到人才测评中呢？大部分企业目前的测评工具的效度是存在问题的，甚至比较先进的行为事件访谈法（Behavioral Event Interview，BEI）也存在一定问题。比如，行为事件访谈能了解候选人的多少事情呢？在候选人来应聘之前，他可能做了1 000件事情。但是在访谈的时候，他肯定会告诉HR 1 000件事情中做得最好的几件。HR用他做得最好的事情来衡量他的能力，这可不就差得太远了吗？但是让一个人说完他做的所有事情也不实际。所以HR有没有办法来提高测评的效度成为当下研究的重要问题。

2009年1月15日，全美航空公司载有155人的1549航班，在起飞后1分钟，遭到飞鸟袭击导致两个发动机失去控制。机长萨伦伯格凭借其精湛的迫降技术和42年的丰富飞行经验以及尽职尽责的精神，成功挽救了飞机上所有人的生命。2018年5月14日，中国四川航空公司3U8633航班在起飞后不久，驾驶舱前风挡玻璃破裂。机长刘传健在驾驶舱失压、气温迅速降到零下40多摄氏度、仪器多数失灵的情况下，凭着过硬的飞行技术和良好的心理素质，让飞机安全备降成都双流国际机场。这两位成功迫降的机长都具有一个非常重要的特质：稳定的情绪。只有高度稳定的情绪，才能应对这种突然发生的、高难度的危险事件。但是很显然，情绪目前不在企业测评的范围里，所以企业的人力资源管理工作还欠缺很多基础的东西。接下来，我们以情绪管理能力为例，研究当下人才精准化选拔中的新思想、新技术。

黄雪明在《人工智能：重新定义人才管理》中提道：网站 Jobaline 利用智能语音分析算法，来评估求职者。该算法会对求职者讲话的副语言进行分析，如语气、语调的抑扬顿挫等，预测某种特定语音所反映的个人情绪，并据此确定该求职者可能胜任的工作类型。此外，以色列公司 Beyond Verbal 可以分析出短至 10 秒的语音片段中的语调变化规律，对情绪和言外之意判断的准确率高达 85%。

纽洛斯首席科学家李康带领团队用 5 年时间研发出血谱光学成像（TOI）技术。利用这项关键技术，开发出情感智能引擎 DeepAffex 和人工智能健康助手"心魔镜"Anura。"心魔镜"利用 TOI 技术提取这些视频中的血流信息，发送至云端情感人工智能引擎 DeepAffex，由该引擎通过信号处理及深度学习技术，分析出静息心率（RHR）及压力，得出心率、血压、呼吸、心理压力、情绪等数据，它的用户体验界面如图 1-6 所示。

随着科技的不断发展，人才测评将不再由心理学家独领风骚，计算机、数学、法学等专业人才都将进入这一领域，去对更全面强大的个体数据进行利用与保护（李育辉，唐子玉，金盼婷，等，2019）[9]。因此，不只是生产部门需要创新，人力资源管理部门也应该与时俱进。将这些不断发展的

图 1-6 "心魔镜"Anura 用户体验界面

资料来源：心魔镜（https://www.anura.com.cn）.

新技术应用到人力资源的选拔中，是不是能够为企业提供更精准的人才配置呢？例如，企业如果想招聘一个文秘，那么是否可以运用以上两种新技术，在选拔条件差不多的基础上，选情绪更为稳定、更有耐心的人？这些新技术的出现为人才测评提供了新思路。同时，如何运用这些新技术来弥补当前人力资源管理中的欠缺也成为研究者需要讨论的问题。

1.4.2 华为如何做到人岗匹配？[9]

对于传统的企业经营思维模式来说，最重要的是如何发展业务，很少关心"人"的作用。但是，管理大师吉姆·柯林斯认为："要想从一家好的企业一跃成为一家优秀的企业，首先就要请到适合的人选。"近年来,人岗匹配的概念逐渐深入人心,企业也越来越意识到"人才"作为经营活动主体的重要地位。一种资源要为企业带来持续竞争优势,需要具备有价值、稀缺、难以模仿、难以替代的特点,人力资源也是如此。因此,如何选拔优秀人才并进行合理的配置,最大限度发挥人才的作用,从而使人才成为有持续竞争优势的资源,成为企业必须研究的重要课题。

和大多数中国企业一样,最初华为也采用繁杂的职位等级划分。但是,作为一家快速发展的高新技术企业,随着技术、营销、制造、采购、财务以及人力资源等方面的专业人才不断涌现,显然这样繁杂的制度并不适合华为的发展。面对世界范围内各大同类企业的高速发展,任正非意识到,如果想进一步与其他国家的企业竞争,首先要做的就是根据市场形势和需求,研发属于华为自己的人才配置制度。

选拔出优秀的人才是人才管理活动的第一步,因此招聘活动在人才配置中显得尤为重要。为了保证招聘的实际效果,华为首先设立了面试资格人管理制度,对所有参加面试的考官进行培训,培训合格后才能获得面试资格,这从根本上保证了招聘人员自身的素质。其次,在对人才的选拔招聘过程中,华为一直坚守"合适的才是最好的"原则,根据企业定位明确企业需要什么样的人，再根据人力资源招聘部门对职务的分析来明确岗位需要什么样的人，从而制定有针对性的招聘策略。另外，自1998年起华为就着手任职资格制度的建设，研发出适用于华为自身的任职资格管理体系。其中，建立任职资格标准、任职资格认证在人力资源价值最大化以及保证资源有效性方面发挥了重要作用。

任职资格认证是指为证明申请人是否具有相应任职资格标准而进行的鉴定活动，包括计划、取证、判断、反馈、记录结论等。华为规定，相同工作性质的人员按照统一的标准进行程序公正的认证，以促进认证结果的客观性，真实反映员工持续贡献的任职能力。华为员工按照相应的任职资格认证流程（如图1-7所示）进行操作，其中还包括准备资料和答辩的环节。如果有员工在上半年进行过任职资格申请，不管失败和成功，都需要过6个月才能再次申请。如果新员工超过2年不申请任职资格认证，会直接影响其升职加薪配股。

提交申请 >> 资格审查 >> 任职认证 >> 结果审批 >> 结果公示

图 1-7 任职资格认证流程

资料来源：HRsee. 华为如何做到人岗匹配 .（2020-03-12）. http://www.hrsee.com/?from=groupmessage&id=1392.

华为员工拿到任职资格认证之后并不是终身有效，只有2

年的有效期。而且就算员工拿到了某个层次的任职资格，也不意味着他就能够上岗。还有两个条件：一是员工的历史绩效贡献；二是有空缺的岗位。即使在上岗之后，员工也不是万事大吉。因为最终还是要靠绩效说话，如果员工在岗位上的绩效考核结果达标，那才意味着真正做到了"人岗匹配"。具体如图 1-8 所示：

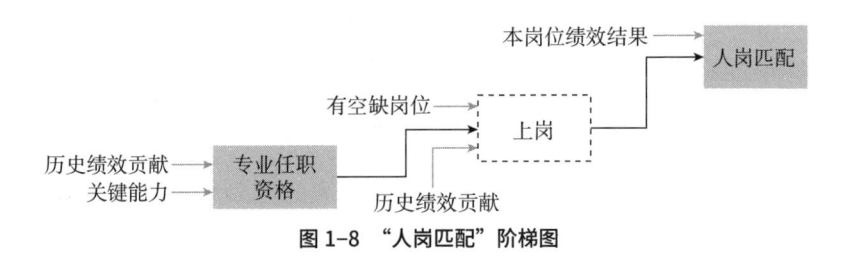

图 1-8 "人岗匹配"阶梯图

由以上华为人岗匹配的流程，可以看出其与以往传统的"哪缺招哪儿"的招聘模式不同。华为在对人才的配置中是主动的，在招聘和选拔出适合企业战略的人才之后直接填入空缺岗位，极大提高了人才配置的效率和人才的利用率，为新人才配置的发展提供了新的思路。

当拥有了和企业以及岗位高度匹配的人才，在人才和企业之间建立合适的关系就显得更加重要。因为在经营中，人和企业的关系是公司稳定的关键因素，而华为开辟了新的模式——全员持股。华为股东有 2 个，任正非持有 0.98% 的股权，工会委员会持有 99.02% 的股权。这种持股制度让员工和公司由最初的雇佣关系上升到了股份合作关系，员工和企业的战略目标高度一致，是华为企业和人才之间关系的强稳定剂。

任正非说："华为公司最宝贵的财富是人才，其次是产品技术，之后是客户资源。"不可否认，华为作为我国高新技术民营企业中的佼佼者，在新人才配置方面有自己独特、成熟、高效的体系，这为其保留人才、企业持续发展做出了重要贡献。华为的高速发展也证明了发展人力资源在企业中是必不可少的，所以，在残酷的现实面前，企业管理者面对人力资源的复杂性，应当借鉴优秀企业的人才配置制度，结合宏观市场形态以及自身企业的发展特点和状况进行创新，制定企业的人才配置制度。基于华为的成功案例，我们总结出企业进行新人才配置的五个关键步骤，并从以下五个方面给出企业人力资源管理的新思路：懂市场的需求，选最好的人才，做主动的配置，做精准的选拔，建合适的关系。[10]

1.5　建合适的关系

1.5.1　"互联网+"背景下的雇佣关系转型

《2019 德勤全球人力资本趋势报告》预测，2020 年美国个体经营者的数量预计增加两倍。在欧盟，自由职业者是当今增长速度最快的劳工群体（德勒，2019）[11]。劳动关系和雇佣关系都是大家非常熟悉的概念，但随着互联网技术的不断发展，传统的雇佣关系逐渐没落。在数字经济条件下，"互联网+"的模式打破了劳动力市场时间和空间上的限制，鼓励更多人参与其中，尤其是低技能者与失业者（Li, Hong, Zhang, 2018）[12]。与此同时，科技使劳动力市场的覆盖范围更广，在工作任务碎片化、专业领域细分化的背景下，出现了大量零工，这给平台带来了广阔的发展空间，也为劳动者提供了更多的就业选择。

然而，脱离传统雇佣形式的多样化的选择具有灵活带来两面性，即其背后隐藏着有关工作的不稳定性与不确定性（杨滨伊，孟泉，2020）[13]。比如，对于企业来说，有时候没有办法以劳动雇佣关系来确定劳动者和组织之间的关系。再比如，华为请某教授做一次线上企业内部培训，需要签订劳动合同吗？虽然《劳动合同法》规定，劳动合同的形式还包括以完成一定工作任务为期限的劳动合同，但如果仅是一天的课程就签订合同的话，管理成本无疑是非常高的。这样的授课其实就是纯粹的工作关系。

另外，随着互联网技术的发展，"互联网+"灵活就业或利用网络平台的灵活就业比例越来越高。"平台－个人"或"企业－平台－个人"连接的灵活就业方式来势迅猛，数量、规模和影响力急剧扩大，并明显区别于传统的灵活就业方式（肖巍，2019）[14]。"互联网+"灵活就业具有工作时间和场所不固定、工作安排去组织化等特点。例如，将一些英语电视剧和电影以及公开课等短视频打造成个性化学习材料的英语学习 App"一点英语"，作为一个新兴的、需要不断有文化内容输出的互联网企业，需要招募大量的为短视频进行剪辑、翻译、配字幕的制作人员，然而这些工作内容十分琐碎且对技术要求不高，所以"一点英语"选择招募大批线上灵活就业者，建立社群，通过线上签署劳务合同的方式进行管理。

由此看来，企业与劳动者从雇佣关系变为合作关系，或许有助于组织活力的激发。但是类新型用工方式尤其是提供按需工作的在线劳动平台的产业特征与用工特征导致劳动争议案件频发（杨滨伊，孟泉，2020）[13]。未来 HR 的工作如果仅限于管理签劳动合同的员工，那 HR 的工作很快就会无用。因为签劳动合同的工作在未来的组织中会越来越少，但参与工作的人会越来越多。HR 一定要搞清楚帮助组织完成工作的人和组织之间的关系有多少种类型，并对不同的类型建立不同的关系。另外，针对这种两面性并存且劳动关系难以认定的情况，有学者建议平台人力资源管理体系通过协调零工经济中的三个主要参与者（零工工人、需求者及平台公司）的多边交流来实现人力资源管理（吴清军，杨伟国，2018）[7]。所以，从组织角度讲，这种改变也意味着我们对人力资源的使用需要更加灵活。

1.5.2 人才关系革命

自经济出现以来，一直存在着人和生产组织之间的关系问题。当前，雇员与雇主之间的劳动关系与雇佣关系是主流模式。现在经济模式逐渐转变成数字经济的形态，极大地改变了人和组织之间的关系。我们至少可以整理出数字经济时代的三种关系：(1) 工作关系：组织框架下的人力资本＋时间。(2) 合作关系：个人与组织的合作。(3) 合伙关系：个人与组织的融合。

综合上述分析，基于工业经济范式的劳动/雇佣关系已不足以涵盖数字经济范式下个体与其他社会经济单位（不同的雇主、其他个体、平台、网络、客户等）之间的关系，人力资本关系可以是一个新的可选择的概念。当下，人和组织之间既可以同时存在不同的关系主体，也可以同时存在不同的关系类型。比如，海尔的一个员工可以同时拿工资以及创业；

大学教师可以当老师与学校建立雇佣关系，可以给公司做项目与其建立工作关系，也可以和某机构合作做一个大型的论坛等。

为什么会出现这种变化呢？我们从人才关系革命的角度来分析。

人才关系革命的第一阶段（TR-I）意味着组织框架内人才与组织的传统正式关系的解构化与多元化，称为工作形式革命。解构化是指传统的人才与组织的关系——劳动关系与雇佣关系——开始解构，降低关系紧密程度，更加松散和灵活，工作关系形式日益增多。多元化是指人才与组织关系的多样性。需要注意，解构并没有完全消除传统的劳动关系。

人才关系革命的第二阶段（TR-II）是从传统的组织关系走向人才与组织的合作关系，称为工作模式革命。合作关系的特征有两个：(1) 合作关系的基本条件：共同合作直接服务于客户。(2) 合作关系的收益分配：分成制。

合作关系可能有两种情形：(1) 人才＋时间（T+T），例如中世纪的船长、猪八戒网站。(2) 人才＋平台＋时间（T+PC+T），例如优步、小猪短租、爱彼迎。举一个例子，中世纪时，船长这样的人才是极为难得的，主要负责船主的船只、货物与船员管理，他能享有航行收益的25%。在这个例子中，船长的人力资本和时间给他带来了 25% 的收益。同样，猪八戒网站有千万个服务商为企业、公共机构和个人提供定制化的解决方案。在这里，买家发布需求，经过托管、筛选等环节在猪八戒网站找到合适的服务商，而服务商的人力资本和时间能带来收益。基于人才+时间的合作关系模式，猪八戒网站曾被评选为我国 2011 年度"最佳商业模式十强"企业。

人才关系革命的第三阶段（TR-Ⅲ）是人才与组织的关系螺旋式上升重组，从市场关系回归到组织内部，重新建构为一种人才与组织的合伙关系。人才完成身份转变，成为组织的"股东"，享有剩余索取权（股东分红权）。表现形式上，人才与组织的合伙关系通常是"股份合作制"，员工兼任股东。

图 1-9 是人力资本关系长尾图，可以看出，人和组织不再是传统的雇佣关系或劳动关系。未来，人和组织之间关系的主要表现形式可能是合作关系和工作关系，需要持续不断地对人力资本进行投资（Schultz, 1961）[15]。当然，这些关系类型在未来会同时存在。那么，对企业人力资源政策的挑战是如何管理、监督、控制和评估一个动态的分散的个体劳动者，以及如何衡量和监测生产率。另外，新型雇佣关系要求企业人力资源管理进行相应的调整，向尊重员工权益、

激发员工主动性和参与感方面转变,与员工建立合作伙伴关系(刘寒松,2019)[16]。

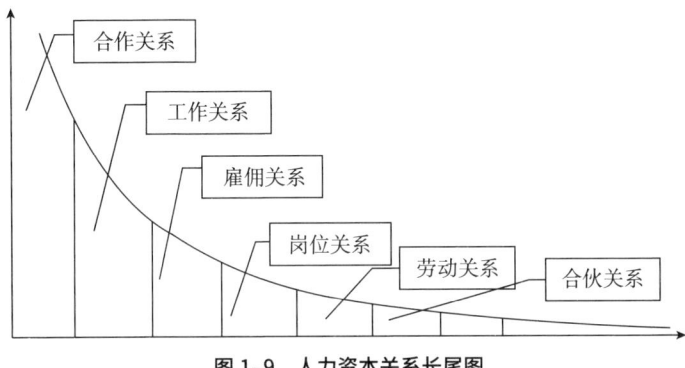

图 1-9　人力资本关系长尾图

第二章

深赋能激活

人力资本经营最重要的任务是赋能激活人才。赋能不是让员工自己去完成工作任务，HR 也要给员工提供相应的机会和支持。谷歌的人力资源管理基于独具特色的实践，基于数据和事实的人才运营管理，也基于扎实的研究成果的实践优化。可以说，正是通过充分借鉴学术研究成果，谷歌构建了高维的人才管理机制，充分激发"创意精英"的创造力，塑造和改变了谷歌的人力资源实践，并且积极地对人才赋能，激发了员工无限的创造力。那么赋能有哪些内容呢？

2.1 赋能之源

波士顿咨询公司（BCG）发布的"2018 年全球最具创新力企业 50 强"榜单中，北美仍是表现最好的地区，有 27 家公司上榜。这些以谷歌为代表的优秀企业的企业文化，大多以创新为导向，而创新的背后，不仅仅是技术的提升，更重要的是对人才的赋能。曾鸣在解读《重新定义公司：谷歌是如何运营的》这本畅销书时指出：未来企业的成功之道，是聚集一群聪明的创意精英，营造合适的氛围和支持环境，充分发挥他们的创造力，快速感知客户需求，愉快地创造相应的产品和服务。

这意味着，我们必须摒弃传统企业的管理理念和组织逻辑，思考如何给人才赋能，使人才成为持续性的资源。2015年前后，华为大学设计和开发了一系列项目管理的学习发展项目，例如 C8 项目资源池、解决方案"重装旅"、项目管理青训班、项目客户经理"将军池"，在 HRBP 方面专门推出了项目 HRBP 赋能班，标志着华为 HRBP 进入了大批量的项目支持导向后备人才培养落地阶段（葛明磊，高欣东，张闪闪，2020）[6]。

另外，谷歌的人力资源实践也为我们提供了很好的赋能思路。例如，众所周知，"透明"是谷歌文化的三大基石之一。在谷歌工作的员工可以共享一切资源，即使是新员工，在上班第一天也可以使用几乎所有的代码。每周五的固定会议中，有 30 分钟现场问答时间，任何员工都可以提问，问题类型也不设限。谷歌认为，大型组织内经常会产生不同团队因信息不对称而重复劳动的情况，浪费了资源。信息分享让每个人更了解自己的工作内容以及不同团队间的目标差异，减少了不必要的竞争。"透明"的企业价值观，一方面直接赋予员工充分利用公司各方面资源的权力，另一方面是对员工信任的表现。在这样的企业文化下，员工的经营意识和企业家精神被进一步激发，谷歌也一路发展，取得了令人瞩目的成就。

赋能就是赋予他人能力，从领导者的角度出发，就是相信团队成员，不断锻炼成员能力、完善组织架构。对于企业来说，员工作为人力资本经营的主体，对企业的经营发展起着决定性的作用。固化以后，企业已经不大期望员工自己有创新的做法，甚至大多数企业只是将员工视为"活的机器"。如果所有人都以同样的标准做事，那公司就失去了竞争优势。加之技术的变化速度非常快，这种管理模式很难适应发展的潮流，所以企业现在更希望能充分激发员工的潜能，"赋能"变成一个流行词。这既是提升企业竞争力的必然选择，同时也是现实挑战带来的必然结果。而赋能，不仅仅要对业务部门赋能，更要对所有个体赋能。

20世纪末，我们引入了"人力资源部"这个概念，替代了"人事部"。人力资源部，其实就是对企业中各类人员形成的人力资源进行统一管理的部门。一些高科技公司对其命名各不相同，例如，谷歌的人力资源部叫人力运营部（people operations）；爱彼迎叫员工体验部（employee experience）；奈飞则叫人才部（talent）。概念的变化一定程度上反映了企业从将人视为工具到将人视为资源的转变。从资源基础论的角度看，人力资源的确是企业获取竞争优势的重要资源（Wright, McMahan, McWilliams, 1994）[17]。这些高科技公司当然不会闲得无聊改部门名字玩儿，以博眼球。显然，它们是那批为数不多的企业"先知"，最先预见到"人力资源"发展的趋势，抢先改变人才观念。与此同时，它们创造更优越的条件持续提高人才的个人体验，从而实现共创共享。

在新型的人才运营组织氛围里，人力资源部需要有洞察全局的视野以及掌控发展方向的能力，既要打通所有人力模块，又要贯通企业其他业务及职能。另外，人力资源部还应该主动积极且前瞻性地考察、分析问题，针对问题提出切实有效的解决方案。这样的人才运营要求企业必须赋能。由此，需要赋予员工何种能力的问题变成了接下来需要解决的各种问题。

2.2 赋自由：人才属性价值论

21世纪初，诺基亚在全球手机制造业中占据主导地位，而2010年之后，随着苹果、华为、小米等智能手机的兴起，诺基亚迅速走向衰落。其实在苹果推出iPhone的7年前，诺基亚团队就曾演示了一款拥有彩色触摸屏、屏幕下方有一个单独按键的手机。演示中，人们使用这款手机定位餐馆，玩赛车游戏，还可以订购唇膏。20世纪90年代末，诺基亚还曾秘密开发另一款诱人的产品，即一款平板电脑，它有无线连接功能，还配备了触摸屏。如此看来，诺基亚并不是不注重创新，那么问题出在哪里呢？行业分析师称，诺基亚面临的最大障碍可能是其令人窒息的官僚文化。用柯蒂斯（2006—2009年担任诺基亚首席设计师）的话来说，他们花在政治斗争上的时间比花在设计上的时间多（殷丽萍，2013）[18]。显然，作为一个本应当将资金、精力投入技术研发和创新的高新技术企业，诺基亚却自满于过去的成就，固步自封，由于管理体制的问题被整个时代抛弃了。诺基亚的失意仿佛一个王朝的兴衰，这不禁引起我们的思考，即使能够一时做到世界第一，如果不根据时代的更迭发展自身的战略方式，拥有再好的资本基础,也会被市场无情地淘汰。

与诺基亚相反,3M 公司总经理威廉上任的第一件事就是投资建立公司第一个实验室,并且制定"15% 原则"。"15% 原则"要求研发人员每个星期拿出 15% 的工作时间,用来研究自己感兴趣的东西。这是一种更加自由的政策,而正是它的"自由",让 3M 公司的产品迅速创新,实验室研发的新产品层出不穷。从 1914 年的研磨胶带,到 20 世纪 40 年代的高速公路反光膜,再到 50 年代的录音带和录像带,如今 3M 公司已经成为世界 500 强企业之一。

由此,我们可以得出结论:赋能首先需要赋自由。"自由"这个概念比较抽象,从本质上讲,"自由"在工作场所中指的是工作自主性的问题。在图 2-1 中,PR 指的是人口资源,从新生婴儿到老年人都在这个范畴内,其自然属性更强。而 ETC(创新创业人才)则需经过非常多社会化的过程才能达到这样的状态,所以其社会属性更强。人口资源和创新创业人才之间的价值是有指数性的差别的。一个人的价值越高,社会属性越强,企业给高价值人才提供的自由空间就要越大。

图 2-1　人才属性二维图

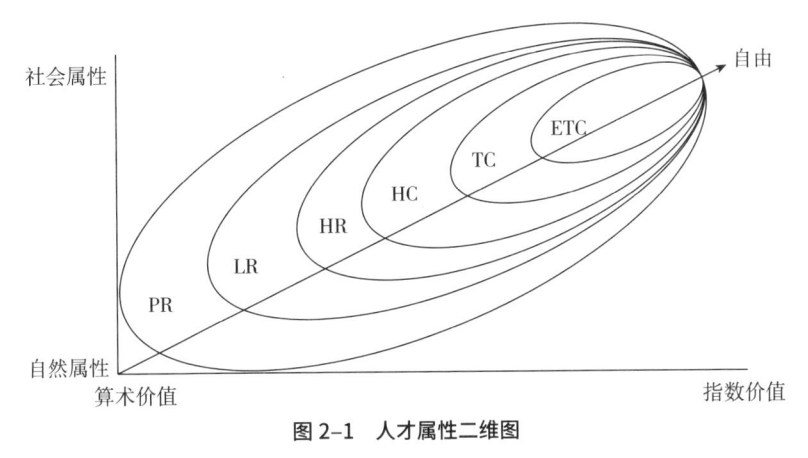

2.3　赋权力

2.3.1　华为——让听得见炮声的人来指挥

人力资源管理之所以成为人力资源管理，是因为尊重人的权利和生命（杨伟国，2019）[19]。企业关心和尊重员工的突出表现是对员工赋能授权。所谓赋能最重要的就是赋权力，个体真正做事情的自主性体现在权力层面上。任正非曾经提出"让听到炮声的人呼唤炮火！让一线直接决策！"华为公司选择让听得见炮声的人来指挥，努力做好客户界面，让客户经理、解决方案专家、交付专家组成工作小组，形成面向客户的"铁三角"作战单元。基层作战单元在授权范围内，有权直接呼唤炮火;一线的作战要从客户经理的单兵作战转变为小团队作战,实质上这就是一种组织的决策权下沉。

任正非提出:所谓"赋"指的是授权及授权范围,所谓"能"指的是客户经理要加强营销四要素(客户关系、解决方案、融资和回款条件,以及交付)的综合能力;解决方案专家要一专多能,对自己不熟悉的专业领域要打通求助的渠道;交付专家要具备能与客户沟通清楚工程与服务的解决方案的能力,同时对后台的可承诺能力和交付流程的各个环节了如指掌。所以,HRBP的出现让人力资源工作内容从传统事务性工作转向新型战略合作性工作。这意味着HRBP既要熟悉HR专业,也要嵌入公司的具体业务,进而对人力资源工作提出更高的要求(葛明磊,高欣东,张闪闪,2020)[6],华为为我们做了很好的示范。

在HRBP模式下,一部分HR下沉到一线业务,在项目团队和业务单元中,HR将更多承担起业务伙伴的角色,深度发掘一线业务需求,推行人力资源管理政策、制度、方案和流程,为业务提供个性化咨询和帮助(王伟,王海斌,2019)[4]。华为从一开始就旨在培养出"懂业务+懂HR专业"的项目HRBP人才队伍,在开展HRBP赋能之前,华为已构建了HRBP角色模型(葛明磊,高欣东,张闪闪,2020)[6]。

公司人力资源高管李山林提到"HRBP应该是'眼高手低'的人",意指HRBP具有开放性的宽阔视野和眼界,但在落地执行时严谨扎实,真正成为业务部门的伙伴。他进而提出了HRBP的"望远镜"和"显微镜"路径理论,望远镜是指HRBP需要具备业务战略管理的思维和长期导向的认知模式;显微镜则是指HRBP要充分掌握和运用人力资源的专业工具将工作做实,例如人才评价、胜任力建模、绩效反馈与教练技术等等。这样一来,针对以上目标,进行一系列的人才培养、人才赋能活动,企业中的HRBP也成为"听得见炮声的人",有了这样的管理思维,接下来需要做的便是企业大胆赋权。

2.3.2 人力资本管理的双重赋权

赋权有两个概念。第一,管理赋权。一线管理人员具有人力资源管理决策权——基层作战单元在授权范围内,有权直接呼唤炮火。有的时候,管理者可能生怕把权力给员工以后自己就没有权了。其实,如果管理者真的没有能力,权力迟早会消失;如果有能力,无论权力给谁都没有影响。人才和军人在本质上是一样的。如果企业天天盯着一个研发人员,告诉他几点上班几点下班,让他在办公室里待着,他能做出成果吗？显然不能。因为研发创新的过程不是流水线的过程。20世纪50年代，日本丰田公司采取了德鲁克提出的"自治社区"概念，将管理权下放给员工，提案实施后，丰田公司的生产效率极大提高。松下幸之助在20世纪70年代接受美国记者采访时，谈及日本企业崛起的秘密："你们的观念是经理决策，员工执行。我们的成功在于，我们超越了这一点。"由此可见，当前的企业，一味采用传统固化的管理模式早已过时，管理赋权更有利于为企业注入新的活力。

第二，任务赋权。任务赋权是指对工作任务直接承担者的授权。麻省理工大学的理查德·洛克对墨西哥的两家T恤工厂进行了研究。A工厂给工人更多的自由，请他们帮忙设定生产目标，自行组成小组，决定如何分解工作，授权他们在发现问题时可以停止生产。B工厂对生产车间进行严格控制，要求工人恪守分派的任务，设定了严格的规则以明确工作的时间和方式。洛克发现，A工厂工人的生产效率差不多是B工厂工人的两倍（A工厂每天生产150件T恤衫，B工厂每天生产80件T恤衫），工资收入更高，每件T恤衫的生产成本要低40%（A工厂为0.11美元/件，B工厂为0.18美元/件）。由此看来，让员工直接对自己的工作制订计划并且实施的效率远比实际领导强制分配要高得多。一方面，员工对自己部门的业务能力水平更加了解，另一方面，对任务直接承担责任也有利于激发员工的工作积极性和主动性，从而提升生产效率。

这样的概念接近于管理的"共治"，但这种"共治"并不是说直接取消管理层，而是在有效管理的基础上，给予员工充分授权和信任，最大限度地发挥员工的智慧，才能取得业绩提升。对于业务部门出身的人员来说，他们本身就在项目上浸染多年，要完成赋权，首先需要做的是系统地学习如何将管理和任务有机结合。华为大学实施了一系列培训与赋能活动，通过专门针对HRBP而设计的专业案例讨论和模拟体验课程，对学员能力开发的重点就是提升其业务战略与人力资源战略的联结能力、HR政策理解能力、HR专业模块技能等（葛明磊，高欣东，张闪闪，2020）[6]。

华为大学整合项目管理与案例学习方案部和管理者学习方案部两个部门的资源，重新设计了培养体系，让项目HRBP专项赋能班的学员在培训结束后直接进入C8项目资源池培训班。在课堂的模拟中，这些学员能够真正担当起HRBP的角色，和其他角色并肩作战。他们在C8的10天培训课堂上全程模拟参与包括项目分析与规划、项目建立、项目实施和项目移交关闭这 4 个阶段在内的端到端项目管理全过程。训战结合阶段以业务逻辑为主导，C8 模拟让 HRBP 通过参与整个团队的项目工作完成具体的行为体验，旨在全方位提升学员的项目经营、项目团队管理和战略分析能力。业务出身的 HRBP 开始转换思维视角，站在 HR 的角度去思考项目 HRBP 对项目团队的作用（葛明磊，高欣东，张闪闪，2020）[6]。

进入实战项目后，项目经理会同代表处 HRD 专员为项目 HRBP 学员制订为期 6 个月的详细实践行动计划，以保障在岗实战的效果。在此期间，项目 HRBP 学员根据项目情况全程参与 1 个以上实战项目。值得注意的是，项目 HRBP 学员一方面在项目实战中进一步夯实和提升自身能力，另一方面也肩负着将课堂所学的理论知识传递给一线项目团队同事的任务，完成循环赋能的目标。学员们在实战中系统化理解和扮演了组织所需要的角色，最终完成了自身混合型角色的建构。另外，不论是业务出身的 HRBP 还是专业出身的 HRBP，在历经此阶段的学习后，完成了 HR 专业方面的能力开发和项目业务方面的素质提升，成为具有双元能力的个体，并初步为项目一线提供价值。

2.4 赋能力

2.4.1 行动学习

回到华为的例子，我们不禁思考，是否企业中所有员工都有"听得到炮声"并且"指挥"的能力？这种关于人力资源的定位，无论是对员工的 HR 专业战略思维还是业务战略解读能力，以及其他一些项目管理能力等都有很高的要求，并且不同的个体在能力上有结构性差异，同一个体也无法在自己擅长的领域一直跑在前面。所以如何赋予人才能力也是我们需要考虑的方面，而行动学习是一个非常直接的给人才赋能力的方式。

行动学习起源于欧洲，由英国的雷格·瑞文斯（Reg Revans）教授创立，主流工商管理教育如 MBA、EMBA 等都对行动学习有所介绍。通俗地说，行动学习就是一个团队在解决实际问题中边干边学的组织发展技术及流程。这是目前比较权威的解释，但是这个解释缺少了一个最关键的因素——行动学习的核心一定是基于理论的指导解决实际的问题。例如，一些企业在谈及数字化转型之时，头等大事便是建设和上马新技术、新系统、新平台，但因此而陷入僵局的个案也不在少数。究其原因，或许技术背后人的理念和企业内文化的变革发挥着更为基础性的作用。数字化体现为不同的层次，技术和系统层面或许是能够直接观察到的应用层，而理念文化上的调整则是最深层次的"认知代码"（罗文豪，2020）[20]。

人力资源管理是一门应用性很强的科学，它来源于实践需求，基于实践操作，又回归实践价值（彭剑锋，2018）[8]。行动学习当然是有益处的，大家在团结协作中找到解决问题的办法，但是没有发挥出理论解决实际问题的价值。我们曾就关于学位设置的课题进行了研究。学术学位和专业学位的区别是什么？学术学位回答的问题是从具体到一般，要发现纷繁复杂的现象中的规律，并提炼成理论；而专业学位回答的问题是一般到具体，告诉学生如何用理论去解决实际的问题。大多数人力资源从业者都是从具体到具体，因为HR喜欢看华为怎么做、IBM怎么做，然后在公司内复制标杆公司的做法。即便HR提炼了一个业界最佳实践，也达不到理论层面。学习了优秀公司的做法以后尽管有效果，但是仍无法构成本公司的核心竞争力。

所以，引进技术只是行动学习的一种重要工具，而行动学习的核心是其蕴含着的实用主义哲学思想，它所提倡的问题导向，持续行动、验证与优化，质疑、反思与改变，团体探索，创新创造，学习型组织等内涵，需要创造性地与企业的领导力发展、关键管理问题的解决、企业变革与创新相结合才能起实效。要走出"实践热而学术冷"的怪圈，我们应该如何进行学术探索呢？

据统计，世界500强企业中有80%建立了自己的企业大学，美国的企业大学数量年平均增长率为25%左右。我国企业大学近十年来也得到了飞速发展，诸如宝钢人才开发院、招银大学、中航大学、中国电信学院、腾讯学院等企业大学纷纷成立。企业大学和以往简单的员工培训不同，它是一种对于人力资源的"开发"。其中，最重要的一项就是对组织知识管理的加强，这说明知识创造对于企业大学来说至关重要，而知识传递的内容来自企业自身，同样企业大学的价值也源于它能够拥有企业的核心知识。

海尔的企业大学对员工的要求是带着创新的动机和现有的创新成果参与课堂，通过学员间的互动、交流，探索事物发展的普遍规律，进行总结后形成模块，最后回到实践。在创新的基础上利用企业大学的平台进行更高水平的创新，从而形成不断循环、螺旋上升的过程。这种企业大学的方式给了我们关于行动学习的新思路。当前企业大学培训体系的变革方向是体验式教育，这是全球管理教育变革的趋势，而行动学习正是体验式教育的实现方法论。我们可以将行动学习的思想贯穿企业大学的培训体系，从理论到实践全方位结合企业实践，对高素质人才进行赋能。

2.4.2 私董会

赋能力的另一种方式是私董会。私董会的概念最早出现在 20 世纪 50 年代的美国。当时，几位年龄相仿的公司 CEO 定期聚会，互相抛出困扰已久的问题，并分享处理问题的经验。逐渐地，这种自发式的企业家聚会日益专业化和细致化，在形成了一套固定流程和议题方式并引入了"主持人"之后，私董会的架构基本固定下来。

我国目前也有一大批标杆企业将私董会的逻辑和方法融入企业经营管理中，使会议的成果与效能得到了突破性的提升。国务院国资委相关负责人指出："一把手自己做决定，重大决策一个人说了算，风险非常大。个人掌握的信息、个人的判断力都是有限的，如果没有纠错机制，听不到不同的声音，出现决策失误很难避免"，"如果企业发展主要依赖于个人，这样的制度是不科学的，不利于企业长期稳定发展"。参与私董会是一种非常直接的与其他企业交流经验的方式。私董会的本质也是行动学习：解决问题与思维提升。在这种模式下，企业领导人能够更加轻松、直接地发现自身与同类企业的差距，对于企业经营中产生的问题也能够更好地解决。

例如，国内小有名气的五五私董会（如图 2-2 所示）的服务内容主要包括 IDC 咨询式私董、五五论坛、五五赋能中心、五五投资基金等。

图 2-2 五五私董会服务内容

资料来源：http://www.55ceo.cn.

其中，"一个老板加入五五私董会，从加入一个私董圆桌会议小组开始"，表明私董会圆桌会议是私董会服务的核心。通过圆桌会议，圆桌主席每年带领小组成员进行 10 次私密的实战决策问题深入研讨，每次会议都有事前确定的议题，并有确定的讨论章程和路径。每位私董成员都在圆桌会议中和其他人一起分析并探讨自己作为老板的各种决策挑战。对其他优秀企业的成长进行总结,可以帮助自身企业找出差距和提升办法。

2.4.3 教练

全球领导力咨询的领先者智睿公司(DDI)在2012年美国培训与发展协会(ASTD)国际大会上指出:全球55%的首席执行官和高层领导认为,领导力不足一定会在不久的将来影响公司业绩;还有调查显示,46%的领导者在他们最近一次成功升职或转岗时,没有得到更高层领导者反馈的职位要求,而他们亟须了解升迁层级岗位上可能会遇到的问题,以及如何提前为此岗位做好准备(周晓新,谢册,2013)[21]。由此可见,企业高层管理者的领导力对企业发展来说至关重要,但许多企业往往会忽略这一点,它们在长期、稳定的高层管理者的领导下,仅仅是简单地对下属布置任务。然而,我们研究一系列案例后最终发现,成功的企业对领导力的培养和发展都给予了高度重视。

例如,宝钢集团领导班子亲自参加领导力研究和开发,主持撰写《宝钢领导力研究报告》和《宝钢领导力基础教程》,并在培训中亲自授课,以此形成企业各级领导的统一认识和自觉行动。在中国电信学院组织的中高层领导力培训中,集团高层领导不仅现场授课,还通过网络在《对话发展》栏目直接与各级管理者解读战略、共话发展。中国移动形成了高层领导定期培训制度,每年结合公司战略组织主题培训研讨(周晓新,谢册,2013)[21]。如何培养领导力,培养什么样的领导,就是我们接下来要讨论的问题。

谷歌从 2009 年开始推行"氧气计划",通过交叉分析收集来的 10 000 项资料,从中归纳出一份长达 400 页的报告以及"谷歌高效主管的八个习惯"。以下按其重要性从高到低排列:

(1)做一名好教练;

(2)提升团队实力,权力下放,不事必躬亲;

(3)关注员工的成功和幸福;

(4)注重效率,以结果为导向;

(5)善于沟通,善于倾听团队意见;

(6)帮助员工进行职业规划;

(7)团队目标明确,战略清晰;

(8)掌握关键技术技能,能给团队提供建议。

这个统计结果出来后,让人惊讶的是,原先让谷歌工程师最引以为傲的技术能力竟然排在最后,而"做一名好教练"是最重要的习惯。由此可见,员工其实并不期待主管有多么高超精湛的程序编写能力,他们期待的是一种"教练式"的领导，比方说主管能够用问问题的方式来激发员工的思考，而不是直接"下命令"做什么、如何做。除此之外，员工也希望领导能多多关心他们的生活、兴趣等。也就是说，在这个所有行业皆为服务业的时代，企业管理者应当进行从"教训型"到"教练型"身份的转变。

教练技术（coaching）起源于20世纪70年代初的美国，是从社会学、运动心理学以及教育学等领域发展出来的一种新兴的、有效的管理技术。在教练的指导下，教练者能够充分洞察自我，发挥个人的潜能，从而能够有效地激发团队并发挥整体的力量、提升整个企业的生产力。简单地说，教练针对被教练者个人，洞察被教练者的心智模式，向内挖掘潜能、向外发现可能性，让对方看到自身的巨大力量并且使之有效地发挥。教练是一种以学习者为中心，具有计划性、针对性和持续性的启发式的辅导行为，如图 2-3 所示。从根本上说，这也是一种人力资本开发、人力资源赋能的有效方式。因此，我们给人力资源部的另一个建议是，给公司的高管层配备教练。

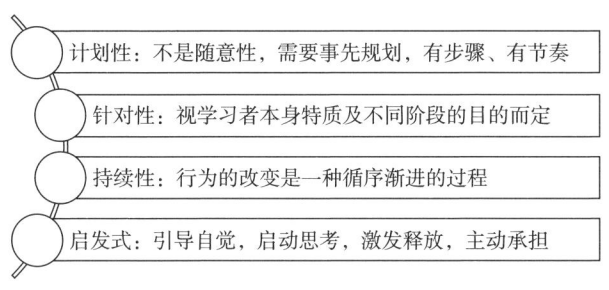

- 计划性：不是随意性，需要事先规划，有步骤、有节奏
- 针对性：视学习者本身特质及不同阶段的目的而定
- 持续性：行为的改变是一种循序渐进的过程
- 启发式：引导自觉，启动思考，激发释放，主动承担

图 2-3 教练的辅导行为

国际上成立了国际教练联合会（ICF），致力于促进教练技术的职业化发展。国际教练联合会建立了全球认证教练的网络，虽然国内对这方面了解和参与的人还比较少，但是其成立一定程度上意味着未来"教练模式"的发展趋势。对于企业自身来说，直接培养"教练型领导"，也是非常有效的方式。

2001 年，戈尔曼在其发表于《哈佛商业评论》的《有效领导力》一文中正式提出了教练型领导（coaching leadership）概念，并将其列为 21 世纪企业领导者必备的六大类领导行为之一。与传统领导行为显著不同，教练型领导行为不仅为员工提供充分的指导和支持，而且重视在沟通与互动中启发员工，通过改善员工的心智模式和启迪员工的智慧来提升他们解决问题的能力（王雁飞，张静茹，林星驰，等，2016）[22]。通过与教练型领导互动，员工能力与素质能够得到较大的提升。一方面，员工的创造潜力以及能力被激发，对于员工的未来发展有很大的帮助；另一方面，对于企业，特别是创新性企业，更有利于其战略性、持久性的发展。

2.4.4 慕课

随着互联网技术的不断发展，2012年，哈佛大学和斯坦福大学等知名高校先后开创了慕课（MOOC）教学模式，并得到了迅速发展，这促使世界范围内的教育展开了创新变革活动。我国2015年颁发《教育部关于加强高等学校在线开放课程建设应用与管理的意见》，提出了不断规划和发展我国慕课水平进行高等教育的要求。伴随着慕课在高校中的飞速发展，这种教学模式取得了明显的成效，其优势逐渐显露，社会企业也开始探索慕课模式的应用途径。2014年，华为等多家知名企业开始探寻和应用慕课模式。

慕课极大地影响着高等教育体系，以及所有人的能力开发和学习提升活动。慕课的英文缩写为MOOC，第一个字母"M"代表大规模（Massive），与传统课程只有几十个或几百个学生不同，一门慕课课程动辄上万人，最多可达16万人；第二个字母"O"代表开放（Open），即以兴趣为导向，凡是想学习的人，都可以参与学习，只需一个邮箱，就可注册参与；第三个字母"O"代表在线（Online），即学习在网上完成，无须旅行，不受时空限制；第四个字母"C"代表课程（Course）。和学生不同的是，员工的生活环境和精神世界存在很大的差异，因此，企业对于员工的发展定位和学习需求应满足学习者个性化的差异。慕课为我们提供的便是一种可以自主选择的、非常低成本和便捷的学习方式。图 2-4 展示了几个慕课的界面。

图 2-4 慕课的界面

毋庸置疑，在员工培训中，慕课可以起到非常大的辅助作用，更加有效地为员工"赋能"。慕课开发者是课程的主导者，在课程设计中要考虑不同员工对课程的不同需求。对于企业慕课而言，开发者可以根据企业员工的职业类别来设计课程门类。我们可以借鉴慕课的成功经验，通过开展前测问卷来了解员工学习的个性化需求，并把员工自身学习需求与企业对员工的知识要求结合起来，使慕课内容更具有针对性。另外，员工使用慕课也可以建立自己的学习圈，通过慕课的社群进行双向交流，这种互助的学习组织对于提高员工学习兴趣有很大的帮助。

相对于高校慕课学习模式来说，企业慕课模式的目的是培养更多技术型人才，所以应该以绩效技术模型为出发点，根据企业业务部门的绩效差距和存在的问题，全面提高企业员工的专业知识能力和技术能力，从而全面提高个体绩效和组织绩效，为企业战略发展服务。针对不同的企业定位，在开发慕课课程时，需要企业的人力资源管理者确定系统的关于实践性和责任性的知识，同时注重导向性。

2.5 赋资源

2.5.1 投入产出测算

"巧妇难为无米之炊。" $Y = Af(K, L, HC, AI, \cdots)$，就像这个生产函数所表示的一样，企业需要给人才提供一系列资源：

技术、钱、人、人工智能、组织管理体系等。对一个企业来说，重点赋什么样的生产资源，需要根据企业的实际状况来确定。例如，在工业化色彩比较浓厚的领域，企业更希望员工按部就班地按照流程工作，所以更应该赋予技术和资金的支持；如果是创新型领域，企业就应该赋予员工更多创新的时间。

生产函数也可以测算技术进步，分析规模经济和最佳投入结构等问题。我们可以用生产函数来研究企业人力资源管理各方面投入和产出之间的关系。企业要在复杂环境中驾驭市场经营活动，获得经济效益的提高，必须在人力资源管理上下功夫。

2.5.2 谷歌的 20% 时间制

与 3M 公司类似，谷歌也有一个 20% 时间制，通常情况下是一周上四天班，周五的时间是自由的，员工想干什么就干什么。在不妨碍正常工作的前提下，谷歌允许工程师拿出 20% 的时间去做自己喜欢的事，而出于对工作的热爱，谷歌工程师实际上是在完成既定工作的基础上又多拿出 20% 的时间用于创意研发。目前谷歌呈现出来的一些非常好的产品，例如谷歌新闻等，实际上是工程师在这多拿出的 20% 的时间中研发出来的。

但问题是,如果单纯地给予员工很大的自由,那么他们会变得难以管理。很多固执的员工可能会陷入自己感兴趣的项目里,不达目的不罢休,甚至影响了正常工作。而且管理者还要考虑到,如果上级否定员工的建议,会不会存在员工一意孤行、不理会管理者意见的情况。所以,在给予员工自由时间的基础上,也需要一定的制度约束。谷歌会提醒那些想要用20%的时间做项目的人先造出产品原型,因为原型可以调动众人的兴趣。想到好点子可能难度不大,但是吸引几位同事参与你的项目、让他们把自己的20%的时间投入你的20%的时间中就困难多了。要想让一个好的构想开花结果,首先应当构建一支肯为这个构想倾力付出的团队。如果团队的所有人都愿意让这个项目继续下去,管理层就会允许他们继续推进。

在这样的制度下,企业不仅为人才创新提供思考和创新的时间,同时,整个企业的文化氛围、同事之间的共同协作也为想法变成现实提供了基础,极大地提高了产品水平和生产效率。组织可以考虑企业定位以及发展方向,适当借鉴谷歌的形式,为员工赋资源。图2-5显示了谷歌的产品。

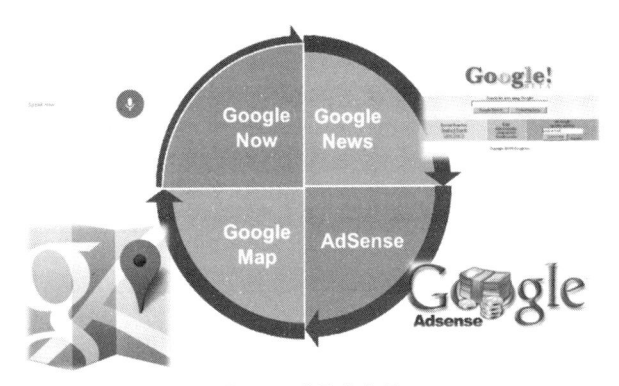

图 2-5 谷歌的产品

2.5.3 技术资源——人工智能

在 21 世纪的前 20 年间，从语音识别到智能家居，再到 AlphaGo 获胜和无人机的成功，人工智能（AI）的飞速发展一次又一次地调动着人们的神经，而智能机器人也必然成为新型社会分工的重要组成部分。那么对于企业来说，人工智能同样也可以作为资源赋能的一部分。人力资源的劳动方式将从单一性向复合性，从体力劳动向智力劳动，从机械化操作向个性化问题解决等发展转变，而人工智能将替代完成原有的部分人工工作，形成人机互补的融合发展局面。同时，人机融合不仅仅是分工上的互补，在组织决策层面，企业应用人工智能赋能可以突破组织边界、打通信息壁垒、充分利用智力资源，做出更加精准和稳定的决策。

欧美的许多国家纷纷强调人机合作对未来智能化机器人发展的重要作用，美国发布的国家机器人计划，其主要目标就是发明可以与人类一起工作的合作机器人（co-robots），其研究关注点在于如何让机器人在各个方面无缝集成，协助人类生活。人工智能与人力资源在空间、内容和技能上的融合互补，已经成为普遍共识和发展方向。

AI对人力资源的价值主要集中于提升效率、增强体验、智慧决策三个方面。提升效率主要指的是：AI替代人工，完成人力资源中的事务性和流程性工作，优化组织的人员效率。例如，AI文本聊天机器人、AI电话聊天机器人、AI简历筛选与人岗匹配、AI文本面试、AI视频面试等都极大节省了人力资本。增强体验主要体现在，随着AI发展的深入，用户体验更倾向于针对性、定制化和智慧化的服务，比方说在人才培训中，可以依托AI技术开展专业知识授课、实现个性化课程定制等等。智慧决策就是通过AI技术规避在人力资源中人的主观性、经验性带来的风险，帮助HR、管理者和员工更好地认识"人"和"组织"，进行前瞻性的预测。例如，公正全面有效地提供内外部人才评估的决策结果，进行客流量预测并智能排班等。

2.6 赋环境：挖掘交往价值

自然环境是大环境，有些地方仅仅是因为雾霾等自然环境因素就没有人愿意去了。自然环境下有社会环境的问题，比如有些地方的治安条件特别差，可能对人才的吸引力就不足。对个体来说，小环境如生活环境、工作环境、交往环境等，反而对个体的影响会更大，环境叠加如图2-6所示。当前，各省市都出台了众多吸引人才的政策，这些政策主要集中在生活和工作环境，例如配备实验室、提供启动资金、高薪酬、安家费、专项医疗服务等。

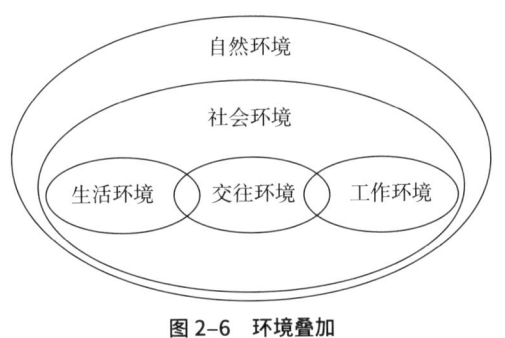

图 2-6 环境叠加

还有一个很重要的环境是交往环境，所谓交往环境指的就是"物以类聚，人以群分"。交往环境带来的价值有五个方面（如图2-7所示）。第一个价值是人力资本网络

图 2-7 人才交往环境的五个价值

效应（network）。人和同类人交往的网络给其未来的职业发展准备了前提条件。第二个价值是人力资本投资效应（investment）。"听君一席话，胜读十年书"，但如果小环境中没有同类人，他听谁"一席话"呢？同行之间的交流有助于人才保持自己的知识水平和状态。第三个价值是人力资本释放效应（release）。释放的过程其实也是学习的过程，但不能对不了解该领域的人释放。第四个价值是人力资本消费效应（consumption）。就像一些人喜欢打麻将或玩桌球一样，交流学术上的成果、工作上的进展等等也是创新型人才的一种生活方式。第五个价值是人力资本信号效应（signal）。在未来环境下，企业在组织中要创造出一种人才能够自由发挥，同时又能和同样能力水平的人交流的场所。

德胜（苏州）洋楼有限公司成立于1997年，从事美制现代木（钢）结构住宅的研究、开发设计及建造，是迄今为止中国境内唯一具有现代轻型木结构住宅施工资质的企业（曾颢，赵宜萱，赵曙明，2018）[23]。这家只有千人的公司生产加工能力卓越，其组织结构去层级化。更重要的是，它基于君子文化的管理方式把员工改造成了高素质的产业工人和绅士。

德胜通过以人为本的管理思想，以"诚实、勤劳、有爱心、不走捷径"为企业文化核心，而只有接受和认同德胜价值观的人，才有资格进入企业。如此一来，具有相同价值观的人聚在一起，企业的交往环境立马得到了提升。更重要的是，德胜也以君子文化示人，企业管理制度以人为本，制定了各项规章制度。例如，不实行打卡制，可以随时调休，带病工作不仅不受表扬还可能受到惩罚等。在人际交往方面，德胜提倡同事关系简单化，"君子之交淡如水"是德胜推崇的同事关系准则。这也启示我们，交往环境的形成是双向的，不仅需要员工建立与企业之间的文化认同，同时也要得到企业相应的反馈。

对于企业来说，交往环境多样化也非常重要。麻省理工学院媒体实验室的弗兰克·莫斯认为，21世纪人类面临的挑战将无法在单独的领域里解决,而必须由计算机科学家、工程师、设计师、艺术家、生物学家等多学科领域的人彼此联系,在一种开放互动的环境中共同解决。麻省理工学院前校长杰罗姆·韦斯纳认为,科学最让人兴奋的地方在于交叉领域,所以媒体实验室中除了科学家外,还邀请了许多艺术家加盟。总的来说,企业在建立一个良好的自然环境的基础上,要提高人才交往环境的质量,同时丰富交往环境,使不同领域的高质量人才思维碰撞,这样才更有利于创新。

第三章

高绩效牵引

人力资本经营的目标就是高绩效。只要 HR 招来了人才，只要企业付给员工工资，企业其实就是在对员工进行投资，相当于风险投资人给创业者投了一大笔钱。一旦招来的人才没有达到预期，那就是双倍的损失，因为其他人或许能做得比该员工更好。所以企业对人才要有高要求，即高绩效牵引。新绩效、新效率、新监控、新评价可以帮助 HR 给员工制定一个更高的目标，把员工所有的潜能激发出来，让员工尽自己所能去努力。

3.1　新绩效：OKR

3.1.1　OKR：超越 KPI

关键业绩指标（key performance indicator, KPI）通过管理学的"二八原则"，对组织的战略目标进行细化和分解，设计出一套反映工作绩效的关键指标库，通过考核促成企业战略成功。KPI 关注的是绩效结果，容易忽视目标回顾与检查，造成绩效结果大打折扣。关于 KPI，近些年可以说是"风雨如晦"。流传甚广的有"绩效主义毁了索尼"，提出此说法的是索尼前常务董事天外伺朗，他在《绩效主义毁了索尼》一书中力述 KPI 的弊端以及它是如何慢慢毁掉索尼的（天外伺朗，2007）[24]。KPI 让研发人员为了外部动机工作，丧失内在的创新热情；短期内难见效益的工作，比如产品质量检验以及"老化处理"工序，都被忽视；为了完成业绩考核，几乎所有人都只提出容易实现的低目标。最终，天外伺朗把索尼的衰落归结为 KPI 考核制度本身的缺陷（孙鹏程，2018）[25]。

绩效管理的基本特征是注重应用性（崔健，李晓宁，杜鹏翾，2019）[26]，KPI 作为很多企业的宠儿，近些年却得到了较多的负面反馈，其中比较出名的还有两个企业的失败案例：

- 俞敏洪公开表示："新东方上市以后，内部人士和外部股东希望尽快拉升股价，不顾一切地追求 KPI，忽略了教学质量、讲师培训、产品设计等需要较长时间才能产出业绩的工作，因此失去了顾客的信赖，去年我做的事情就是把这个 KPI 统统取消。"

- 2016 年 4 月，百度贴吧在未经授权的情况下，转载了起点中文网数百部原创网络文学作品，被版权方告上法庭。此后，百度贴吧全面展开清查盗版侵权行动，封禁了大量的文学贴吧。百度董事长李彦宏之后反思说："此次贴吧事件，是因为从管理层到员工对短期KPI的追求，KPI使员工过分关注压力，反而带来了很多危机。因为从管理层到员工对短期KPI的追逐，我们的价值观被挤压变形，业绩增长凌驾于用户体验，简单的经营替代了简单可依赖，我们与用户渐行渐远。"

这其实就是KPI给企业管理带来的一些不可避免的弊端，深层次的原因是：首先，利益相关性不足。KPI本身和利益分配并没有直接关系。说到底，KPI只是一种考核衡量工具，至于如何运用这种考核工具进行激励，取决于最终的设定。因为影响的比例非常有限，比如很多单位就规定KPI占工资的8%，关联的幅度比较小，所以KPI对最终结果的影响不甚明显。其次，对管理能力依赖较高。KPI的顺畅运行，需要企业整个现代化管理体系的支撑。比如完整的企业管理流程，完善的企业规章制度，相对完整的运行数据。实际上这些是中国大部分的小微企业，甚至中型企业不具备的。再次，长短期成效的矛盾。归根结底，KPI的核心目标是中长期发展，是个长期系统，而支撑长期利益的考核方式与短期效益时有冲突。尤其对小型企业平均寿命不超过 7 年的情况而言，很多民营企业不具备实施 KPI 的基础和条件。最后，实施有一定的专业难度。KPI 在设定、实施、追踪上，都有一定的专业性。在具体操作中，不仅需要人力资源管理人员，还需要中高层人员对此有深刻的理解并有实施能力，否则难以实现。在现代企业绩效管理的要求下，需要一种更符合现代需求的、相对人性化的绩效管理方式，以适应现在对 80 后、90 后的管理需求，适应现阶段消费者导向下的企业绩效管理需求。

目标与关键结果（objectives and key results, OKR）是 2014 年以来逐渐兴起的一个管理名词。因其在以谷歌为代表的硅谷公司中盛行且行之有效，逐渐被国内从事管理研究和实践的人熟知，尤其受到人力资源领域的重视。由于功能的近似，业界在对 OKR 了解、研究和实践的过程中，往往会将它与 KPI 进行对比分析。可以看出，OKR 似乎是 KPI 的一种更先进的替代品。近来在 KPI 绩效主义失效、对公司发展不利的业界舆论背景下，这是否意味着 KPI 的陨落和 OKR 的崛起？事实上，任何一种管理方式和工具都有其适用范围。

超越 KPI 的不是另一种考核办法，而是深入人心的责任感、使命感和职业标准。超越 KPI 的是工作品质和强烈的拥有欲望。这些内容，我们可以称为成就考核。必先有求胜之人,方可有求胜之事,方有得胜之果。培养、激发、聚合、引导求胜之人,比翻新 KPI 工具有用得多。

3.1.2 这就是 OKR

《这就是 OKR》[27] 的作者约翰·杜尔被誉为"OKR 之父",他早年在英特尔任职,后来专门到谷歌指导拉里·佩奇和谢尔盖·布林,以推动 OKR 在谷歌的实施。1999 年,谷歌的投资人约翰·杜尔(曾任职英特尔副总裁)把英特尔的目标管理体系(iMBO)介绍给谷歌的两位创始人,该管理工具在谷歌称为 OKR 并沿用至今。OKR 在谷歌发展成熟,目前成功应用于多家世界著名企业(汪亚莉,2018)[28]。

OKR 目标管理的精髓有以下几点:

(1) 员工和经理人共同制定目标,员工对结果负责;

(2) 员工设定目标后自主决定实现的路径和方法,经理人提供必要的资源;

(3) 经理人在过程中提供辅导、帮助和监控。

OKR 目标管理包括目标设定、关键结果制定和评估。在整个管理流程中,经理人与员工进行积极的双向互动和沟通。所以,OKR 也是卓越管理的一个重要工具,是企业在适应动态变化环境的长期实践中发展出来的管理方法(杜义国,2020)[29]。

在英特尔，追求卓越管理（Managing for Excellence）的定义是：在整个组织范围内帮助提升经理人与员工绩效的良性循环。绩效提升循环的中心是计划与目标设定，但同样重要的是经理人与团队成员就优先级、进程、挑战、反馈和所需的帮助等进行持续的沟通和互动。在此过程中，经理人承担的责任是确保沟通持续、双向和提供支持，帮助团队成员完成长期和短期目标。这样的对话是保证计划过程和员工投入的"黏合剂"。

在追求卓越管理方面，英特尔的理念是，优秀的经理人对于业务结果、员工敬业和保留至关重要。公司会定期对经理人在目标设定、绩效/发展反馈、营造开放和直接的沟通氛围等方面进行评估。英特尔对于经理人及领导者的期望之一，是在价值观践行方面起带头作用，所有经理人和领导者需要为团队成员设定清晰的目标，提供持续反馈和倾听团队成员并提供帮助。

OKR分为承诺型和愿景型两类，在我国广泛实施的OKR基本上是愿景型的。从本质上讲，承诺型OKR其实就是KPI。因为在组织中，存在创新发展和正常运营之间的平衡关系问题，一味强调创新的组织可能无法存续下去，所以承诺型OKR是必要的。这就回到了OKR与KPI、BSC之间的关系。BSC 指平衡计分卡，它只不过是 KPI 的四分法。平衡计分卡把 KPI 分成四大类：创新与学习、业务流程、顾客、财务，这四类之外的东西可能是企业不怎么看重的要素。KPI 的结构和现在岗位说明书的任职资格是一样的，企业的要求太多，所以很难聚焦于一点，把一件事情做到极致。KPI 确实存在一定的问题，BSC 是对 KPI 的一次精练，让其在特定环境下能用得更好。随着新的技术环境带来的风险、创新空间越来越大，OKR 开始出现，因为企业无法依靠传统的自上而下分解的方式回应这个问题。OKR、KPI 和 BSC 说到底就是德鲁克所说的目标管理的表现形态、实现方式和载体，只不过载体适合的行业与企业不一样。

OKR 就是目标（Objective）加上关键结果（Key Results）。OKR 的目标是有野心的、激进的，是令人感觉有点紧张且不舒适的；OKR 的关键结果就是明确目标可实现，是可量化的，是导向目标的评级的。OKR 设定的目标是愿景型目标，如果目标实现了，就变成了 KPI；如果能达到 60%~70%，就说明员工做得已经非常好了；如果在 40% 以下，HR 需要考虑相关因素。同时，OKR 的目标是具体的、可衡量的、有时效的，这也是 KPI 目标制定的特点。所以，OKR 与 KPI 并不是完全割裂的，而是一脉相承的，OKR 是 KPI 在特定的经济范式和企业环境下的精练化。除此之外,OKR 的目标应该是透明公开的。

OKR 的关键结果有如下具体要求:

(1) 直接可实现。

(2) 进取心、敢创新。

(3) 以产出、结果为基础,企业终究要回答结果问题。在未来人和组织间关系迈向多元化的时代,企业文化和职业道德都没有价值,一切都以市场目标为导向。过去员工需要企业文化和职业道德的约束,但现在我们每一件事情都有市场交易过程存在,达到市场目标就有回报,达不到目标就没有回报。

(4) 关键结果不要超过 5 个,在明确关键结果时,不要贪大求多。在一定时间内,员工能做好 2~3 件事就已经很不错了。比如,2014 年底,中国人民大学劳动人事学院在全国招收在职研修班学员 400 多人。2014 年杨伟国担任院长,只确立了一个目标:2018 年底在职研修班招生规模要超过 1 000 人。为什么要招收 1 000 人?因为招生规模是衡量学院实力的一个特别重要的因素。当学院招到 1 000 人的时候,中国任何一个开设人力资源管理在职研修项目的学校都将无法和中国人民大学劳动人事学院相比。到了 2018 年底,劳动人事学院招收的在职研修班学员超过 1 200 人，达成了我们预先设定的关键结果。

（5）时间控制，OKR 基本以月、季度为单位。

3.1.3 指数型组织

给人力资源管理从业者再推荐一本书《指数型组织：打造独角兽公司的 11 个最强属性》[30]。指数型组织有 11 个最强属性，包括 5 个内部属性、5 个外部属性以及 1 个核心属性，如图 3-1 所示。

指数型组织的11个最强属性

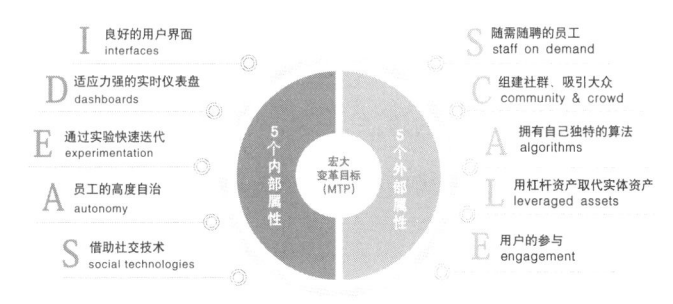

I 良好的用户界面 interfaces
D 适应力强的实时仪表盘 dashboards
E 通过实验快速迭代 experimentation
A 员工的高度自治 autonomy
S 借助社交技术 social technologies

5 个内部属性

宏大变革目标（MTP）

5 个外部属性

S 随需随聘的员工 staff on demand
C 组建社群、吸引大众 community & crowd
A 拥有自己独特的算法 algorithms
L 用杠杆资产取代实体资产 leveraged assets
E 用户的参与 engagement

秩序、控制、稳定性　　　　　创造力、增长性、灵活性

图 3-1　指数型组织的 11 个最强属性

资料来源：伊斯梅尔，马隆，范吉斯特. 指数型组织：打造独角兽公司的 11 个最强属性. 杭州：浙江人民出版社，2015.

1 个核心属性：宏大变革目标（massive transformative purpose，MTP）。就像霍夫曼所说的那样，如果新产品没有人吐槽,那就说明它不是新产品。这就是宏大变革目标。比如,特斯拉 CEO 马斯克就在研究如何航天旅行,如何在火星上建设人类居住基地。

5 个外部属性:

(1) 随需随聘的员工(staff on demand)。未来一个组织内部的人力资本,在组织生产过程中只会占据很小的比例,因为有社会人力资本的存在。所谓社会人力资本,就是和公司建立工作关系、合作关系的人,他们并非公司的员工。社会人力资本有两个重要的属性:第一,匿名性,你无法知道谁在为你工作;第二,即使你知道谁在为你工作,但未必真的是这个人在干活。同时,人工智能也能为你工作。

(2) 组建社群、吸引大众(community & crowd)。

(3) 拥有自己独特的算法(algorithms)。

(4) 用杠杆资产取代实体资产(leveraged assets)。

(5) 用户的参与(engagement)。

5 个内部属性:

(1) 良好的用户界面(interfaces)。

(2) 适应力强的实时仪表盘(dashboards)。

(3) 通过实验快速迭代(experimentation)。

(4) 员工的高度自治(autonomy)。

（5）借助社交技术（social technologies）。

《指数型组织》和《这就是OKR》两本书所反映的一个观点就是，高绩效牵引是通过OKR这个工具表现出来的。现在很多人都在批判KPI，认为OKR是解决社会问题的唯一工具。这个认知一半是对的，一半是不对的。"一半不对"是因为OKR不是万能的，它对企业技术环境、业务创新发展、管理者的综合素质要求更高。OKR最根本的特点是高度挑战性。"一半对"是因为技术发展的变化，企业必须以风险投资的思维方式去看待它做的每一件事，即把事件目标拔高，然后获得概率性的结果。OKR最根本的特点是高度挑战性。其实中国人早就说过这个观点：取法乎上，得之乎中；取法乎中，得之乎下。也就是说，如果你给自己定的目标特别高，最终你只能得到一个中间的结果；如果你给自己定一个中间的目标，最终你取得的结果就很少，可能比KPI还要少。KPI就是"取法乎中"。KPI有一个"SMART"原则，其中的"A"（attainable）指的就是可达到的、够得着的。目标设置得稍有一点挑战性，但是略加努力就能达到，这是KPI思考问题的原则。OKR的原则就是设定的目标肯定无法达到，如果达到的话，就说明OKR的目标设定出了问题。但是不要忘了，在员工使劲去努力仍无法达成目标的过程中，企业收获的成果就已经超越了 KPI 的目标。

3.1.4 脸书怎样运用 OKR 做绩效管理？[31]

截至 2017 年 6 月，脸书的月活跃用户数量达到了惊人的 20 亿。脸书为什么能够如此成功？原因肯定是多方面的，值得我们国内企业去研究和学习。

脸书的 OKR 绩效管理主要有四个特点：

（1）关注对团队与个人有重大影响的事项。

在脸书，用 OKR 制定员工个人的目标、团队的目标以及公司的目标时，要关注对团队和个人有重大影响的事项，在目标制定的时候是以结果为导向或者以影响力为导向。脸书的 OKR 会在每个季度开始之前让员工进行思考，有哪些事情从影响力的角度来说是值得做的，有哪些事情是你想做的，然后取两者的交集，再列举若干有一定概率（通常建议是 2/3）能达成目标的手段。

（2）脸书的 OKR 制度更为宽松。

脸书没有强制要求全公司上下执行 OKR，但在工具上是支持执行 OKR 的，在实际执行时其思想也是目标驱动的，只是大多数团队不使用专用的 OKR 工具来管理目标，而是随便列举目标和以不那么严谨的方式来跟踪目标。实际上，脸书执行的是非常宽松的 OKR 制度。

（3）使用同事评审来进行绩效考核。

脸书同样把绩效考核的事情交给同事评审来做，一般每 6 个月做一次，主要分成 4 个部分：自评、同事评价、直属上司评价和老板评价。员工可以决定这个东西是否对外开放、考核结果能被谁看到。在脸书，一般有 85% 左右的员工会选择开放。这是很高的一个比例，可以说大家互相之间基本上是开放的。

（4）绩效考核结果与奖金、股票激励挂钩。

虽然索玛立方块实验告诉我们，管理者在人才管理和激励问题上，需要避免犯的最大错误之一是：夸大并依赖物质激励的作用。考核和奖励像是咖啡因，能带来短期效应爆发，却难以持续，会破坏人才工作的长期积极性。但是这样就能表明企业和员工不需要咖啡因的刺激了吗？答案绝对是否定的。

脸书每年 6 月和 12 月会分别做一次个人绩效评估，经理们要通过绩效校准会议对同事评审的结果进行必要的修正。6 月底的绩效评估对奖金和股票、晋升有一定的影响，但主要还是看 12 月底的绩效评估。年底除了现金还有股票的追加，不管哪个级别，只要是工程师都会给相应的股票，每过一年，年底绩效评估将决定给你追加多少股票。奖金浮动范围在 10%~25% 之间，越到上面越高；然后乘以个人绩效，0 表示没有奖金，但一般在 1.25 左右，4.5 就很高了；最后再乘以公司的绩效，公司的几个高层对公司这半年来做得怎么样打一个分，如果公司做得很不错，所有人的薪水都会上涨。

脸书的 OKR 绩效管理案例给我们的启示就是：通过新的考核思想、工具并执行相对宽松的考核制度（不要为了考核而考核），再加上优秀的企业文化，HR 所期望的绩效管理的最佳效果，即员工达到"心流"状态并不是不可能[31]。

3.2 新效率

3.2.1 以绩效管理提升经营效率

组织管理的核心命题是价值创造、价值评价和价值分配。在大部分的组织管理中，人们之所以关注绩效考核，是缘于把绩效考核等同于价值创造。在无法界定个人价值或者组织价值大于个人价值时，绩效考核无疑是一种有效的管理方式（陈春花，2015）[32]。绩效考核是对员工实际工作情况和业绩的评估，它利用评优机制使员工的工作积极性得到发挥，改变了以往只是完成固定指标的问题，进一步提升了企业的工作效率。绩效管理是现代企业管理的重要组成部分，它能有效提高企业的工作效率。

表 3-1 显示，对各商业银行 2010—2017 年的经营绩效与经营效率的调查发现：(1) 股份制商业银行经营绩效总体呈下降趋势。2013 年是分界点，之前股份制商业银行的经营绩效在平均水平之上，之后低于平均水平。(2) 2010 年五大行（工商银行、交通银行、农业银行、建设银行和中国银行）的经营绩效评价值均小于 1，其中建设银行的经营绩效评价值仅为 0.126，不仅在五大行中绩效评价最低，也低于其他股份制商业银行和城市银行。华夏银行、平安银行等股份制商业银行的经营绩效在平均水平之上，城市银行的经营效率大部分也在平均水平之上。另外，国有控股商业银行的经营绩效呈逐年上升趋势，但始终没有达到平均水平。(3) 城市商业银行的经营绩效基本都在平均水平之上，并且有逐年上升的趋势，如宁波银行和上海银行在观测区间内的经营绩效均大于 1，南京银行在 2014—2016 年这三年绩效值甚至超过了 2，宁波银行、上海银行近年来绩效值也在 1.5 左右，经营绩效表现较好。(4) 从全体商业银行角度看，尽管存在一个较小的上升幅度，但整体绩效水平欠佳。

表 3-1 商业银行 2010—2017 年的经营绩效与经营效率评价值

	2010 年		2011 年		2012 年		2013 年		2014 年		2015 年		2016 年		2017 年	
	经营效率	经营绩效	经营效率	经营绩效	经营效率	经营绩效	经营效率	经营绩效	经营效率	经营绩效	经营效率	经营绩效	经营效率	经营绩效	经营效率	经营绩效
北京银行	1.064	0.712	1.079	0.676	1.135	0.795	1.098	1.360	1.063	1.353	1.004	1.243	1.009	1.201	1.031	0.920
成都银行	1.574	1.065	1.578	0.620	1.485	0.683	1.193	1.194	1.143	1.394	1.374	0.628	1.729	0.302	1.842	1.928
工商银行	1.104	0.163	1.156	0.466	1.121	0.411	1.158	0.789	1.163	0.912	1.172	0.917	1.139	1.050	1.147	1.033
光大银行	1.021	1.531	0.927	0.857	0.905	1.090	0.835	0.529	0.907	0.650	1.009	0.676	0.830	0.602	0.783	0.376
杭州银行	1.004	1.155	1.061	1.110	1.166	1.403	1.082	0.239	1.126	0.630	1.059	1.049	1.065	0.852	1.055	1.213
华夏银行	1.103	1.781	1.037	1.587	0.603	1.664	0.570	0.691	0.575	0.823	0.619	0.457	0.697	0.640	0.781	0.669
建设银行	1.041	0.126	1.042	0.490	1.047	0.455	1.012	0.869	1.014	0.826	1.020	0.833	1.023	1.117	1.015	0.960
江苏银行	1.024	1.221	1.078	1.042	1.010	1.140	0.524	0.973	1.021	0.735	0.578	0.863	0.719	0.938	1.027	0.936
交通银行	1.036	0.608	1.035	0.776	1.048	0.589	1.036	0.702	1.010	0.380	0.839	0.689	0.828	0.745	1.005	0.539
民生银行	1.023	1.233	1.097	1.179	1.200	1.422	1.151	0.389	1.076	0.637	1.119	0.625	1.030	0.769	1.018	0.445

南京银行	1.288	1.126	1.126	0.938	1.127	0.990	1.146	1.621	1.016	2.326	1.026	2.638	1.011	2.123	0.718	1.332
宁波银行	1.029	1.558	1.014	1.041	1.033	1.102	1.037	1.652	1.041	1.455	1.055	1.565	1.006	1.886	0.714	1.803
农业银行	1.133	0.689	1.095	0.735	1.081	0.963	1.052	0.430	1.074	0.824	1.090	0.539	1.079	0.423	1.030	0.662
平安银行	0.672	1.121	0.863	2.659	1.015	1.814	0.742	0.694	0.939	1.199	1.010	0.958	1.043	0.687	1.069	0.701
浦发银行	1.021	1.277	1.048	0.811	1.034	0.856	1.027	1.434	1.026	1.112	1.006	1.238	1.071	1.024	1.148	0.921
上海银行	1.036	1.009	1.044	1.059	0.643	1.232	0.733	1.619	1.010	1.423	1.057	1.488	1.088	1.609	1.178	1.356
兴业银行	1.043	1.192	1.044	1.207	1.080	1.549	1.049	1.338	1.073	1.200	1.070	1.293	1.049	1.303	1.023	1.617
招商银行	1.071	0.960	1.054	1.071	1.033	1.039	1.041	1.021	1.054	0.967	1.066	0.862	1.207	1.139	1.217	1.677
中国银行	1.078	0.417	1.124	0.763	1.051	0.390	1.044	0.774	1.037	0.684	1.009	0.680	1.020	0.977	0.846	0.634
中信银行	1.012	1.055	1.017	0.915	1.014	0.413	1.033	1.635	1.034	0.470	0.851	0.759	0.859	0.611	0.726	0.228

3.2.2 如何达成新效率?

谷歌执行董事长埃里克·施密特在《重新定义公司：谷歌是如何运营的》一书中提出，泰勒的科学管理原理已经没有用了[33]。在此，我们给 HR 一个概念：我们现在所做的一切，比如作为绩效管理最重要的工具 OKR，从本质上讲，都是科学管理原理在当代的体现。泰勒在《科学管理原理》中提到，在各行各业，即使在那些最微不足道的细节上，用科学的方法代替单凭经验行事的方法，也将带来巨大的收益。而这种最好的方法和工具只有通过对所有正在采用的方法和工具进行系统的科学研究和分析，同时结合准确、精密的动作和时间研究才能发现和形成。目前数字技术带来的最大结果就是，把员工的每一个行为都记录下来。我们采访了某打车公司负责安全的副总裁，他告诉我们，该公司的大数据监控系统以 0.25 秒为单位监测所有车辆的行驶行为。通过对司机驾驶行为的长期分析，确定算法之后，司机的一切习惯、个性都能通过 0.25 秒的行为分析刻画出来。我们去阿里调研，顾客所有的采购行为都在阿里的预测之中。即便顾客逛了半天什么也没买，阿里也会估计这个顾客以后是否会买，等到顾客到家的时候就能看到推送消息了。所以，现在的管理就是科学管理。

数字技术的发展导致了组织的扁平化，这句话对了一半。数字技术的发展导致组织扁平化还是科层制、多极化已经没有区别了。过去公司里一个消息从底层传到高层，如果没有数字技术的支撑，就会发生延误和扭曲。现在，一个基层管理人员要请示的决策和报告，系统内所有相关人员都能同时看到，只是决策的权限不一样罢了。扁平化的趋势不是因为数字技术，而是因为个体的偏好。

高绩效创新的核心在于信仰、能力、行为、结果四位一体的方法创新。企业在这样一个高绩效模式下，达到的最佳状态并非"以客户为中心"，当然以客户为中心也很重要。高绩效模式应该像熊彼特描述的那样：企业必须永远从需要的满足出发，因为满足需要是一切生产的终点，而且任何时候的经济形势都必须从这一方面去理解。不过经济体系中的创新一般不是按照这种顺序发生的。一般情况是，生产者发动经济变化，而消费者只是在必要时受到生产者的启发；消费者好像是被教导"被"需要新的东西，或者在某些方面不同于甚至完全不是消费者所习惯使用的东西。在我们看来，这句话是对乔布斯时代苹果产品的最佳描述。

如何达成这样的新效率呢？有两条路径。第一，从斯密制到泰勒制：从分工到工作时间与动作研究——技术效率。

其实招聘一个人到公司做薪酬管理已经是分工了，但是这种分工在新的技术条件下还不够精细。所以企业要继续分工，比如可以把薪酬管理的制度和规划的部分分开来。现在人力资源领域的三支柱模型，就是人力资源从能力角度去划分的。HRCOE 负责制定战略、规则、规划，是偏宏观的工作，HRCOE 团队的成员受过比较好的专业训练，逻辑缜密，看问题比较宏观。HRBP 是在一线工作，HRBP 团队的成员有能力把业务部门的 HR 具体工作做好。HRSSC 是人力资源共享服务中心，共享服务中心不仅意味着总部提供服务，也意味着员工自助服务。三支柱是根据能力进行的第一次 HR 工作的分工，未来可能会继续分工。第二，从梅奥到马斯洛：从人际到人性需求——人性效率。HR 需要通过一些小活动，调整员工的情绪，让其产生工作的新鲜感和动力。当然 HR 也要关注员工的情感需求。现在很多银行前台都是机器人，而以往都是一些年轻人。为什么要把人替换成机器人呢？除了成本的因素以外，还有一个很重要的因素，那就是人的服务具有不可控性。

3.2.3 某出行公司的绩效管理

某出行公司作为共享经济和"互联网+"共同作用下的典

型产物，提供的交通运输服务类型主要是包括出租车、专车、快车、顺风车、代驾及大巴等多项业务在内的一站式出行平台。截至 2015 年 9 月，第三方调研数据显示，该出行公司已占据国内出租车叫车软件市场 99% 的份额。据预测，2015 年交易总额将达到 120 亿美元，而规模化必然伴随着不断延展的品牌冲动。该出行公司每天实现 300 万出租车订单，超过 300 万专车订单，峰值 223 万顺风车订单，业务覆盖全国 360 个城市。图 3-2 为该公司的文化与价值观描述。

该公司将"乘客满意"作为考核的首要因素。公司在给司机下发一些考核指标时就向司机强调一种观念，即乘客的满意是考核的决定因素。公司在设计绩效考核的各项指标时，注重乘客的意见反馈，比如在 App 上设置各类评级、开放式的意见询问，并且通过多种渠道收集乘客对司机的各类考核意见。在评价维度上，设置更加有针对性的评价维度。公司对司机的考核主要分为系统内部考核和外部乘客评价两个方面。司机在技术方面、业绩方面和晋升方面都属于内部考核；外部方面，通过乘客问卷，对司机整体印象还有服务档次，以及开展的各种有针对性的调查获取公司员工的工作完成情况。这种内部考核和外部评价相结合的情况，强调了乘客的满意是公司绩效考核的重要组成部分。为了保证乘客能

创造用户价值

1. 为用户创造价值是公司存在的理由
2. 持续创新，不进则退
3. 安全第一，体验第二，效率第三

数据驱动

1. 数据驱动是重要的思维和工作方式
2. 重视数据积累，用数据科学决策
3. 辩证地看待和使用数据

合作共赢

1. 以利他和共赢的精神面对合作伙伴和同事
2. 开放心态，换位思考，简单信赖
3. 决策前充分沟通，决策后坚决执行

正直

1. 正直诚信是我们的底线
2. 坦诚沟通讲真话
3. 有勇气做正确的事，不唯上

成长

1. 成长是接受挑战、突破自我、追求极致
2. 拓展视野，独立思考，复盘自省，从失败中成长
3. 发展自己并帮助他人成长

多元

1. 多元的本质是平等
2. 多元带来活力和创造力
3. 尊重差异性，欣赏彼此闪光点，和而不同

图3-2 某出行公司的文化与价值观描述

够客观真实地区分该公司的服务质量，公司升级了用户匿名评价体制，这样司机在手机端就无法确认是谁给了自己差评，同时为了防止司机根据订单的发生时间去判断是谁给的评价，该公司的评价反馈会在完成几单后才进行反馈，而且司机在客户端只能看到综合评价，无法看到具体的打分。这样可以看出该公司在进行绩效考核时重数量更重质量，更加侧重于乘客满意度，促使司机更好地工作。

其次，突出弹性工作机制。我国传统出租车的雇佣关系可以分为雇员制和非雇员制两种。非雇员制中，司机对车辆有自行管理权，车辆属于个体；雇员制中，司机和其他公司的上班员工没有区别，也存在为了取得保险需要挂靠公司或者为了缴纳份子钱而长时间工作的现象。总体上，工作模式比较单一。相比以上这些关系，该出行公司有更加灵活的工作关系，因为司机不和公司签订正式的用人合同，这样公司对司机的管制就会比较少；公司为了鼓励更多的司机参与进来，不要求司机向公司缴纳份子钱，工作的时间由司机自行决定，司机可以选择一天都跑车也可以选择晚上下班后再跑车，工作模式更加灵活、自由。同时，该出行公司和司机之间都是通过出行 App 联系，有专门的司机版和乘客版，没有中间商版，减少了中间环节，这样司机和乘客达到了共赢，在促进资源优化配置的同时，增强了司机工作的积极性。

最后，多元化的绩效结果运用。该出行公司针对服务质量和服务数量设置了奖励。而且在早晚高峰期、夜晚行车期间、恶劣天气或雾霾污染期间，针对车辆紧张的情况，公司设立了差异化的奖励策略，这种激励模式能够满足司机多元化、个性化和异质化的需求。该公司的出行平台通过平台送订单制使司机每天有一定数量的订单，无法去挑选乘客，一旦派单就必须接单。这使公司在运营模式上与传统的出租车形成鲜明的对比，传统出租车司机挑选订单的过程对提供给乘客的服务不在乎，而该出行公司由于一系列的考核模式必须将服务质量放在首位。同时，为了更好地服务乘客和更好地进行激励，公司开发设计了一种系统，这相当于一种积分制，积分与单数和抢单成功率挂钩。公司的调度系统会对乘客提交的订单进行判断，例如周围的环境、路线是否顺畅、订单的远近，根据标准来判定订单的优劣。优单的话，司机需要支付一定的积分来获得此单；劣单的话，接单会获得积分。通过这种方式来平衡订单的质量，司机可以获得较好的激励。在乘客方面，乘客也会因为司机不能挑选订单，即便发送的是劣单也可以满足用车需求。

绩效管理只是组织达成战略目的的一种手段或方式，必须与战略高度匹配并对战略形成有效支撑才具有实际意义。该出行公司的绩效管理突出展现了共享经济背景下绩效管理的特点和需求变化。通过绩效管理提升共享经济商业模式下平台企业的效率发展,进而推动共享经济的可持续健康发展,为人们的生活带去更多的便利。

3.3 新监控

3.3.1 绩效监控新现象

当工作分解得十分琐碎时,HR 已经很难去知晓每个人究竟在工作岗位上做些什么。但是数字技术的发展使得每个员工做的每一件事都在掌握之中。快速变化时代的移动大数据可以实现实时监控,既有助于管理活动,让 HR 随时掌握信息、随时应对,也能给承担工作的人随时提供支持,还能在出现特定情况时消除不利因素。有些时候员工可能难以接受实时监控。比如,早期谷歌在邮箱里推送广告,引起了轩然大波。但是谷歌表示这完全是机器人自动匹配的结果。

所有的工作都在钉钉平台上开展。员工要么在公司工作,要么在外面工作,要么请假,三种情况必居其一。如果三种都不是，那就算旷工。如果员工在外面工作，他们的工作在平台上会得到体现。现在美国有很多远程工作系统，一旦员工在家打开公司页面，就会被摄像头监视。

3.3.2 互联网原生品牌——韩都衣舍的绩效监管[34]

传统的绩效监控方式，如书面报告、绩效会议、走动式管理等，虽然有一定效果，但是加大了HR管理者和员工的工作量，也有员工只做表面文章的问题，造成绩效监控效率低下。在企业的不断实践中，出现了一些绩效管理新的监控方式。韩都衣舍通过小组制，来促进组间竞争和组内互相监督，大大激发了员工的工作积极性，同时节省了企业为绩效监控而付出的成本。

小组制又称以小组制为核心的单品全程管理体系。韩都衣舍有280多个产品小组，每个产品小组通常由2~3名成员组成，包括：设计师（选款师）、页面制作专员、货品管理专员。产品设计、页面制作、库存管理、打折促销等非标准化环节全权交由各小组负责。产品小组模式在最小的业务单元上实现了责、权、利的相对统一，是建立在企业公共服务平台上的"自主经营体"，培养了大批具有经营思维的产品开发和运营人员，同时也为多品牌战略提供了最重要的人才储备。

（1）小组制需要明确责、权、利。

管理层每年 10 月会和每一个小组确定第二年的生产和销售计划，确定每个小组预计实现的销售额、毛利率和库存周转率。权利方面，第一是款式，打算上市的款式由小组内部商量；第二是颜色和尺码，每个颜色和尺码的库存由小组来确定。价格方面，公司只提供最低价格标准，最终价格由小组成员敲定。利益方面，就是奖金的计算，奖金 = 销售额 × 毛利率 × 提成系数。小组内的利润、奖金不是由公司来决定的，而是自己干出来的。这种明确的任务细分使小组成员对自己的工作产生责任感，且必须协同工作才能完成销售额，促进组内监督。若有小组成员消极怠工，组织往往会接到其他成员的不满，这就起到了绩效监控的目的，当问题产生时也可以快速找到责任人。

（2）小组制的运作机制。

新组启动时，小组成员每人有 2 万~5 万元的初始资金额度，保证小组业务正常启动。资金核算方面，3 个月以内小组可 100% 使用，4~6 个月，逐步递减到 70%。利益分配方面，小组长协同组员工作，分配组内提成比例，组内利益趋同。裂变保护方面，裂变后，新小组向原小组贡献月销售额的 10%，作为原小组的培养费，持续 1 年。小组每周每月进行销售排名,并且以季度排名进行末位淘汰。由于关乎排名和淘汰问题,员工会在工作上付出更多努力,这种组间竞争使各个小组更加紧密和团结。

(3)发挥"末端决策能力"。

打通"部门墙",提高沟通效率。传统的服装企业有三个核心部门,分别是销售中心、产品中心和生产中心。一般是销售来主导,销售的营销策略制定好了,打通产品配合销售,采购部门去落实。这种传统的部门分工对于调动基层员工的主观能动性是有限的,也不利于效率的提升。而韩都衣舍的小组制通过打破"部门墙",提高了内部的沟通效率,加大了各部门紧密性,促进了绩效提升。

(4)三个外部支持:品牌规划、运营管理、企划部。

品牌规划组帮助品牌"从无到有",负责前期市场调研、商标注册和知识产权保护。品牌在销售额达到1 000万元之前,都由这个组协助。品牌达到1 000万元之后,就由运营管理组协助,把品牌做得更大。此外,还有一个部门是企划部,专门做产品企划方面的把控,监督品类的产品结构和销售节奏。服装是季节性商品,有自己的生命周期和生产周期,还涉及商品的比例问题。通过历史数据,形成了比较准确的经验,传递给小组。这就需要企划部的控制。"如果给了你

100个上衣的框位，50个裤子的框位，你就不能只设计10款裤子，必须要填满所有裤子的框位。"还有生产节奏的控制，比如什么时候下单、上新。企划部给小组制定了年度、季度、月度目标，把控着上百个小组的大节奏。也就是说，每个小组虽然是独立的，但都在企业的支持和把控下运作，按照企业的目标行动，以团队为单位提升企业的绩效。

韩都衣舍作为互联网原生品牌，它的小组制模式运行得非常好。每个小组就是一个独立的经营体，自主经营，又充满竞争。在最小的业务单元上，产品小组实现了责、权、利的相对统一。然后会定期根据销量对各产品小组进行排名，做得好的小组，企业平台的支持力度会大些，做得差的，打散重新组团，这种组织形态，也是互联网企业在自组织方式下的一种尝试。

3.3.3 自组织的管理模式

互联网时代，网络系统的自组织层出不穷（张小峰，2015）[35]。推特的发展很好地说明了组织结构是如何从无到有的。早年间推特不支持"#"，后来用户自行将同类的推文使用"#"聚集。包括后来的转发推文，用户同样是将想评论的推文复制一遍加上"Re"后重新发出。虽然这些是产品本身不支持的功能，但用户已经自行使用这些功能，看上去似乎没有显性的变化，但实际上改变了已有的信息结构，使得推文有了上下文和主题，而后的官方支持也是顺理成章的。

在类似于百度贴吧、论坛之类的大型虚拟社区，人员组织结构相对复杂。比如，天涯社区包括以论坛、博客、微博为基础的交流方式，综合提供个人空间、相册、音乐盒子、分类信息、站内消息、虚拟商店、来吧、问答、企业品牌家园等一系列功能服务，是一个以人文情感为核心的综合性虚拟社区和大型网络社交平台。针对网络水军泛滥，天涯社区采取一系列措施加强监管力度，包括集中清理不良信息、加强对原有帖子的内容监管、鼓励大家对破坏社区生态环境的内容进行举报等，这些措施对于组织的治理和建设具有重要意义。

传统企业的互联网改造，首选也是自组织的管理模式。海尔是传统行业里对互联网最先知先觉的企业之一。在提出互联网转型后，海尔就推出了员工创客平台，鼓励员工创新，根据市场需求去寻找一些新的商业机会。几个年轻人在海尔做了一款叫做"雷神"的游戏本，它很快就成为细分类目的冠军[36]。这种自己把握客户需求、自己做策划、自己做营销和推广的方式，也是一种传统企业互联网化的自组织管理形态。

此外，爱屋及乌、阿里巴巴、腾讯等企业利用自组织的管理模式开创新的商业机会的案例不胜枚举。移动互联时代，随着外部环境的不确定性剧增，如何把握这种不确定性，不断创新，通过自组织的方式推动整个商业社会向前发展，成为每一个企业必须肩负起的时代重任。现实是无法逃避的，我们的未来也在自己的旧世界中，只要我们学会用一种不同的眼光去看待它，并且能"壮心不已"，就一定能够改变它[37]。

3.4 新评价

3.4.1 谁是"最佳"价值判断者

以往都是领导负责评价员工，未来则会变成客户负责评价员工。即便在组织内部，也会建立起内部的客户系统。如果建立不起来内部客户系统，那 HR 的工作就有可能被第三方服务机构取代。未来组织的状态会变成什么样？我们会发现组织中人力资源部、财务部、业务部、投资部等部门都在，但是除了董事长以外，可能其他员工都不属于公司。要么这些员工是第三方机构派来的，要么这个部门是第三方机构设立的。员工与公司之间是一种商业市场的关系，把公司内部整个人力资源工作、财务工作等都承包了。对于组织内部的所有工作，企业需要确定谁是自己的客户，企业要给客户提供什么服务。客户给企业的评价，就是企业获得收益的基本条件。

例如，出行公司的服务划分为接单、接驾、送客、行程后评价四大维度，超100个细项，24小时更新。将服务划分与智能派单系统结合，系统将优先派单给服务得分较高的车主，帮助服务优良的车主获得高收入。可见，在市场经济条件下，有什么样的服务就有什么样的结果。

3.4.2 用友公司的绩效评价理念与实践

用友公司是中国领先的企业及政府、社团组织管理与经营信息化应用软件与服务提供商，以1988年成立的用友网络科技股份有限公司为主体组建，专注于软件主业发展，为客户提供优秀的应用软件产品、解决方案和服务。目前，中国及亚太地区的120多万家企业与机构通过使用其软件，实现了精细管理、敏捷经营。用友公司连续多年被评为国家"规划布局内重点软件企业"，2010年获得工信部系统集成一级资质企业认证。用友"ERP管理软件"系"中国名牌产品"。

用友这架大马车的飞速前进，离不开其管理系统的推动，其中最为关键的是绩效管理系统。商业组织离开绩效存活不了,用友一直强调"绩效至上",非常重视绩效管理。用友的绩效管理系统随着公司组织规模、业务发展、市场定位的变化而调整。企业规模小时,公司的考核系统只有任务指标,任务指标通过年度计划的方式下达,只分解到部门层面。随着公司业务规模的扩大、业务经营战略的日益复杂,不同级别经理对绩效的认识开始出现偏差。

为了应对这些变化,公司在2001年引入了KPI。此后,考核指标不再单一化,不仅考核财务指标,也考核非财务指标,包括员工满意度、客户满意度等多个维度。在后来七八年的发展过程中,公司的绩效指标只是下达到了公司层面,只考核子公司总经理的业绩,对于子公司内部的绩效实现过程则不做过多的考核。2008年,绩效管理体系再一次升级,这次升级的方向主要是加强组织绩效与个人绩效的关联,把战略目标层层分解到每一位员工,让员工知道自己的工作对于战略实现的作用,也让公司把握组织所有员工的绩效情况。

(1) 四大支柱撑起用友高绩效大厦。

用友公司经过20多年的发展,从一个办公室腾飞到一个工业园区,其背后有四大支柱:

第一,公司对主要业务发展的专注和执着。用友创立之初便选定管理软件业务开发,这个方向与我国改革的方向紧密相关。在我国现代化建设过程中，企业管理必然要朝现代化的方向发展。管理现代化需要信息化作为支撑，这就是用友当初的市场定位，即研发、生产支持企业管理现代化的信息软件。最初用友研发财务软件，后来逐步延伸到管理的各个层面、各个维度，包括 ERP 软件。这些年，用友一直把主要精力放在管理信息软件的研发，专注并执着于公司创立的初衷，这个方向的坚持及积累是用友取得今天成绩的一大关键。

第二，公司领导的决策。用友能取得今天的成绩，与集团领导每一次准确、前瞻性的战略决策紧密相关。公司领导的每一次战略决策和经营策略都能紧密把握时代发展的脉搏，踏准行业的每一次增长波。正是由于抓准了中国的每一次技术浪潮，用友高绩效文化才得以长期运行。除了在战略决策上的把握之外，用友高层在关键时刻为其发展创造的外在环境支撑也是关键。用友在关键时刻建设了用友大楼，在适当的时候创建了用友园区，等等，这些外在环境为公司规模、业务扩展奠定了坚实的基础。

第三，软件环境的支持。用友能取得今天的成功与公司的用人文化密不可分。公司的高层、董事对人力资源开发与管理非常重视，努力通过各种方式营造一种人性化的用人文化,汇聚了一大批有能力的人才。公司注重用人所长,用好每一位致力于用友发展的人才,尤其是研发人才。用友深知研发投入对知识型企业的重要性,因此在研发投入上从不吝啬。2010年,公司举办技术创新大会,创设百万奖金重奖有突出贡献的研发人员。

第四,公司一直强调客户服务。业务紧密贴合用户是用友一直以来的服务要则。正如"用友"这一名字的字面含义,公司一直致力于做"用户的朋友"。而且,它现在已经不再局限于做客户的朋友,而是拓展为"做客户的伙伴",和客户一道解决管理难题,从客户角度思考前瞻性的需求并极力满足这些需求。

(2)不断升级的管理系统拉动用友的高绩效。

正是在这套不断升级、与企业战略及业务需求保持一致的绩效管理系统的推动下,用友的高绩效文化才得以贯彻。除绩效管理系统之外,用友的整个人力资源系统也随着公司的发展、需求而升级换代。公司的发展初期,用友人力资源管理系统只有两名员工,部门名称是劳动人事部。在国内刚出现人力资源管理概念时,用友便将部门名称改为人力资源部,部门人员也由原来的2名增加到4名,其中,1名经理,另外3人分别负责培训、绩效以及薪酬业务。

(3)用友云战略。

用友云战略的目标是成为亚洲最大、全球领先的企业云服务提供商。用友云战略框架是：S（软件）+ S（云服务），这意味着用友不仅要通过云战略来创新商业模式、扩展新业务和新市场，还要通过云战略来升级传统的业务模式，并充分结合用友自身的优势来发展云服务。

方法一：人力资源管理活动与绩效管理系统的良性互动。

1）用友强调人力战略与业务战略的共振。公司高层非常重视人力资源管理，总裁亲自抓高层人力资源的招募、激励。高层管理者就是人力资源工作者，事业部的老总、直线经理都积极参与各项人力资源管理活动。

2）用友的薪酬待遇在行业里具有竞争力，能够吸引和留住人才。用友的平均薪酬水平大致处于市场水平的第50分位到第75分位之间，资历深、能力强的员工的薪酬水平更高。在福利方面，用友除了为员工缴纳国家规定的基本社保，还成立了专门的内部救助基金。当公司员工遭遇重大变故时可启动内部救助基金，公司十几名员工因此而受益。此外，公司在员工招聘方面并不局限于当前需求，甄选标准不仅看重现有能力，还关注给员工创造良好的办公环境，园区建设充分结合生活、生态与休闲的需求；提供50多辆班车，满足住址遍布全市的员工的需求。同时，严格要求各个机构不得拖欠员工工资，把员工利益放在首位。

3）关注未来发展潜力；招聘形式多样化，注重内部推荐，不关注背景，但关注价值观与能力。对于一些骨干员工，积极解决本市户口。

4）员工能力开发投入力度很大，常年都有各种培训。公司在 2008 年建立用友大学，员工培训进一步规模化、专业化，培训机会不仅全公司员工共享，还向社会开放；开发适合企业自身和社会的精品课程，注重培训的实用性，在意识形态、技能能力以及劳动者素质等各方面提供培训课程。除内部培训外，公司每年安排大量的外出考察和学习机会。通过外部学习的方式，不断为用友输入新鲜的管理理念、手段、方法，也开拓了员工的视野。

5）填表、写报告等过去都是手工作业，现在充分借助信息化手段。在这一过程中，一方面，借助信息化手段提升管理效率，另一方面，公司也是 eHR 事业部的一个客户，在使用过程中提出了很多完善 eHR 功能的意见。

6）公司总裁亲自抓关键人才选拔，以吸引一批有同样梦想的人才，这些人才能够深度融入用友提倡的文化和价值观。当然，除了这些软性因素，公司也为关键员工提供包括股权激励在内的一些有竞争力的物质待遇。

方法二：企业大学为用友高绩效系统提供源动力。

为了适应公司未来发展的需要，满足未来规模和结构升级的需求，用友在 2008 年成立用友大学。用友大学通过其创新的"精品课程+行动学习"的培训模式，为公司源源不断地输入满足公司需求的人才，为公司高绩效运转提供源动力。其具体做法有以下几点：

在人才使用上，用友大学秉持的第一理念是"以人为本"，特别注重几类人员的开发，包括高意愿、高忠诚、高经验值、高业绩的人员，并重点从中发展内训讲师。

在培训方向上，用友大学区别于一般的企业培训，它把精神、意愿方面的转换作为其首要职责。首先致力于开发、培养在思想上与用友价值观保持一致的员工队伍，其次才是知识、技能的培养，用友大学将其总结为"弘志塑能"。

在课程设计上，用友大学贯彻"务实"方针。所有的课程内容都必须以现实工作的情景为教材，用案例教学、讨论的形式进行传授。为了打造精品课程，贯彻"务实"作风，用友大学将课程内容设计成视频形式，主要是通过观察员工实际的工作情景创作剧本，根据剧本在现场拍摄视频，然后整理成课程内容。

传统绩效管理与敏捷性绩效管理的对比如表 3-2 所示。

表 3-2 传统绩效管理与敏捷性绩效管理的对比

传统绩效管理	敏捷性绩效管理
等级制环境	合作的环境
重视绩效考核	重视发展与未来绩效
缺乏认可	共同认可
一年一次目标设定	根据业务调整目标
较少反馈	持续反馈
提供培训发展课程	更多日常辅导与学习
局限性反馈	广范围反馈

1）传统绩效管理：采用半年度回顾＋年度评估的方式考核，最后经理打分决定员工晋升与薪酬，通常采用 KPI 或平衡计分法等数据考评作为考核标准。

2）敏捷性绩效管理：在传统绩效管理基础之上的变革性绩效管理，更适应现在互联网模式下多变的市场与竞争，将绩效管理的重点从年度考核与排名转向持续反馈与员工发展，是一种更迅捷的绩效管理模式。

用友绩效管理涵盖了绩效方案的制定、绩效目标进展的跟踪监控、绩效关键事件总结、绩效考核的组织实施、考核结果的面谈沟通、考核结果的认可或申诉反馈、考核结果的统计分析等内容。用友持续绩效采用引领业界潮流的先进绩效管理理念，借助企业互联网的东风，应运而生。用友的持续绩效汲取了 OKR 的精髓，融合了持续反馈的优势，传承了经典绩效考核的优良传统，博采众长、自成体系。用友敏捷性绩效管理的优点包括：1）采用通用的绩效管理模式，使考核方式灵活多样；2）满足全员参与的绩效管理；3）实现了绩效目标的层层分解；4）灵活的考核流程，考核进度可实时监控。

第四章

强激励保障

人力资本经营需要强劲的激励体系保障。如何有效激励员工（留住人才的方式和手段），不仅仅是 HR 需要思考的问题，也是企业"头痛"需要医治的关键点。让员工拿到的回报比在普通工作岗位上高得多，当然有风险。如果从"对赌"的心理出发，员工做得好就会获得比正常工资高得多的收益，而做不好就会倾家荡产是否可行？遵从激励原则，考虑市场薪酬定价，倡导效率工资，关注人力资本金融，以及总报酬模型，均为强化员工激励保障的措施。

4.1 激励原则

4.1.1 激励 FACTS 原则

强激励保障需要遵循激励 FACTS 原则，即：内部公平性（fair）、财务可行性（attainable）、市场竞争性（competitive）、组织容忍性（tolerable）、员工激励性（stimulative）。

（1）内部公平性。当组织内部开展人力资本经营管理模式时，薪酬的内部公平性仍然是需要的。

（2）财务可行性。此原则的出现和科技创新及 OKR 的出现是一致的。企业为什么需要财务可行性？因为再有价值的公司，没有资金支持的话，可能都无法实现目标。

（3）市场竞争性。它的核心在于激励水平要在市场上（特别是与竞争对手相比）具有竞争性，尤其是对激励体系的结构性设计，会更加有效地体现企业独特的市场竞争性。

（4）组织容忍性。公司内部能容忍多大的工资差异？一般来说，国有企业的容忍度是最弱的，民营企业的容忍度是最强的。

（5）员工激励性。激励项目的设计一定要考虑能够"触动"员工，不能让员工觉得这是理所当然的，安心待在保障性的范围内。

表 4-1 概括了企业现在所有的工资内容，把报酬分为保障性和激励性两种类型，针对这两种类型，工资、福利、股权、金融及总报酬有不同的具体表现形式。本书要讨论的是人力资本经营，所以主要关注变化的部分。

表 4-1 保障性报酬与激励性报酬

项目	保障性报酬	激励性报酬
工资	基本工资	绩效（奖金/加薪）
福利	法定福利	效率福利
股权	平等股权	长期激励
金融	普惠金融	激励金融
总报酬	普惠报酬	激励报酬

4.1.2 华为与中兴激励机制对比[38]

对比华为与中兴，两家公司有着相近的抱负、目标定位和能力，这决定了它们相互竞争的基调。手机通信行业的知名企业华为曾经和中兴一样在手机领域有一定的涉猎，不过两者的差距还远没有目前这么大，但是将 2018 年二者的营收与利润进行比较，就可以看出二者的差距越来越大。如图 4-1 所示，华为在 2018 年的成绩比中兴优异很多，华为营收达到 7 212 亿元，净利润 593 亿元，而中兴全年营收 855 亿元，净利润还出现了 69.8 亿元的亏损。

从两家公司的激励机制上，可以发现二者的差别。

（1）中兴内部管理机制错综复杂、紊乱导致公司抗击力不强，难以应对激烈的全球竞争。从中兴的财报可以看出，其和华为及海外竞争对手的财报的明显不同之处在于，其有不少的子公司、关联公司、投资公司的信息。从公开披露的信息看，

（亿元）　■ 营收　■ 净利润

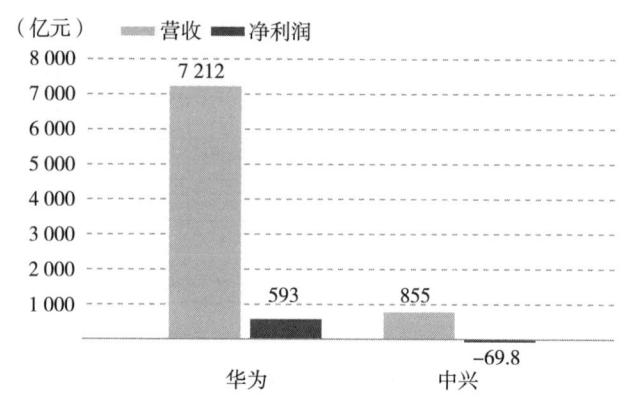

```
8 000
7 000    7 212
6 000
5 000
4 000
3 000
2 000
1 000            593      855
                                  -69.8
         华为              中兴
```

图 4-1　2018 年华为与中兴的营收和净利润比较

资料来源：HRsee. 华为 VS 中兴：赢在激励机制.（2016-11-26）. http://www.hrsee.com/?id=398.

中兴的高管还在这些公司中担任董事或领导职务，相关信息披露也不健全，这都分散了中兴的管理精力，加大了内部管理难度，削弱了其对抗竞争对手的能力。中兴的利润主要由高层拿走，底层员工并无参与；相比之下，华为是全员配股，可以充分调动员工的积极性。中兴的股权结构极其复杂，高层持有的股权有限，赚的再多，高层获得的利益有限，员工收入增长也不大，所以积极性普遍不高。老派高层（董事会成员和比较早的高管）靠子公司赚大钱，因此中兴高层都是想着如何搞子公司，把钱装到自己的口袋，员工则是得过且过，混日子。此外，中兴还滋生了各种各样的腐败问题及产品质量问题。

（2）与中兴相比，华为选择了一条更加明朗化、公开化、阳光化的发展道路。尤其在关联交易问题上，华为清晰地认识到这对公司未来经营管理有严重的损害，为此严格要求企业高管自律自清。在华为的"董事会监事会自律宣言宣誓"大会上，董事长孙亚芳领誓："高级干部的合法收入只能来自华为公司的分红及薪酬，不得以下列方式获得其他任何收入：绝对不利用公司赋予我们的职权去影响和干扰公司各项业务，从中谋取私利；不以任何形式损害公司利益，不在外开设公司、参股、兼职；亲属开设和参股的公司不与华为进行任何形式的关联交易。"据悉，华为创始人任正非仅持股1.4%，其他股份则由华为大部分员工持有。

（3）中兴离职率居高不下。"缺乏具备竞争力、公平性的薪酬待遇，更看不到前途。"中兴离职员工经常在网上发帖如此评说。据中兴内部员工自曝，进入华为和中兴的应届毕业生，其最初的薪酬待遇并不会有太大差别，但是在工作5年左右，双方的差距就会越来越大。同时，在华为工作5年的员工或已成为中坚骨干，而中兴员工可能原地踏步。

总之，华为与中兴在激励政策上有着本质区别，突出表现在：中兴优先给中高层管理者利益；而华为倾向于多劳多得，让优秀员工和基层员工得到更多实惠。中兴的激励和福利政策覆盖范围小，主要倾向于中高层管理者，基层员工很难享受到,可以看出中兴对人才的重视不足,缺乏科学公正有效的激励举措,这让中兴成为免费"培训学校",人才外流严重,人才青黄不接,个人陷入发展困顿[38]。

激励 FACTS 原则是一种强激励保障,格力和星巴克两个案例表明在公司内确立一种积极向上的企业文化,奖励绩优者,让高绩效的员工得到应有的回报,会大大提高员工的积极性,从而提升整个企业的竞争力。

4.1.3　格力薪酬管理秘诀:保持薪酬竞争力[39]

与一些民营控股企业相比,格力电器因是国有控股企业,其薪酬政策和薪酬模式有一定的限制,因此格力在薪酬制度及体系上需要更多科学合理的安排,董明珠等企业高管也需要使出更多招数,来稳定公司的人才队伍。

(1)科学制定薪酬政策。

格力采用固定工资与浮动绩效工资相结合的薪酬机制,综合考虑员工的岗位性质、工作成果、工作地域、技术难度等,按时为员工核定并发放薪酬。同时,员工的薪酬政策会根据宏观经济环境、行业发展趋势、公司战略方向等进行动态调整。

针对专业技术员工群体,格力建立起适合自身发展的专业技术等级评定体系，并于2018年正式向集团化铺开，这标志着格力员工职业发展通道的全面打通。当前，公司共设计出100余条员工职业发展通道，并成功完成任职资格标准体系、培养体系、评定体系及激励体系的全流程体系搭建，实现评定工作常态化运行。2018年，格力全集团实现评定结果在薪资方面的突破应用，进一步优化基于员工能力的薪资调整机制，全方位激发员工能力提升，为人才甄别及发展保驾护航。

公司为进一步拓宽员工职业发展通道，促进人才梯队的建设，按照不同关键领域的员工群体，搭建基于员工能力、业绩双提升的职业发展通道：针对专业技术类员工，积极引导员工不断提高专业技术水平，围绕员工关键行为、绩效表现、工作能力、工作经验等内容构建专业技术等级评定体系；针对技能型员工，完备技术工种人才储备机制，建立技能工等级评定体系，不断提高技能工专业技能素质。同时，公司将评定结果应用于薪酬等各项人事决策，进一步优化基于员工能力的薪资调整机制，全方位激发员工能力提升，形成动态长效的激励和发展机制。

（2）提供有竞争力的薪酬。

格力的工资水平一直高于行业的薪酬水平，早在2010

年，格力一线工人年薪便达到了5万元，员工年终奖发放标准也随公司发展而逐年提升。2013年，珠三角收入较高的初级工程师平均年薪仅5万元时，格力的人均薪酬已经达到5.6万元。根据格力2018年年报，公司将近9万名员工的平均薪酬（包含短期薪酬、离职后福利、辞退福利和其他长期职工福利等内容）达到了9.6万元（年），虽然这并不完全是员工到手的收入；而2018年广东制造业非私营单位就业人员的平均工资是7.403万元。

（3）提升员工的幸福感。

格力自主创新，需要有梦想、有情怀的人才。董明珠表示"当然也不会让员工喝稀饭、住茅屋"，格力努力给员工创造良好的工作和生活环境。

公司为员工购买养老、医疗、失业、工伤等保险，并提供丰富的诸如免费班车、免费午餐、节假日慰问金、中晚班津贴、工龄津贴、保健津贴、夏季高温津贴、特殊工种津贴，在职员工学历教育的费用报销和其他丰富的员工培训等各种福利。

在整个家电行业盈利能力持续下降的背景下，格力宣布将为员工平均加薪10%。格力宣称，提出为员工平均加薪不低于10%的计划并非应对通货膨胀的暂行举措，而是格力长期以来关注员工生活、让员工分享发展成果的有计划有步骤的行动，加薪是对员工价值的尊重。

格力2017年加薪的通知非常简单，《关于公司全员每人每月加薪1 000元的通知》显示：从2016年12月起，在现有月工资的基础上，格力电器将对入职满3个月的全体员工（特殊议薪人员除外），每人每月加薪1 000元。对于这项制度，格力员工肯定是拍手称快，但也有人质疑这就是一项没有明确区分绩效高低的薪酬战略制度，不利于对员工进行激励。

2019年年初，格力又根据不同岗位对员工给予薪资调整，总共增加薪酬在10亿元左右。按照格力员工人数来算，平均加薪超过1 000元。这次，格力加薪在具体执行方案上有了一些变化。针对不同类型的岗位，格力采取不同的加薪标准。比如，技术岗位按照等级评定结果加薪；管理岗位按照绩效和工作表现加薪；等等。这样的安排更能产生激励效果，也更加公平合理。

董明珠曾经表示不要等员工要求涨工资，要主动加工资，超越员工的期望。一个企业的责任，是应该主动地给员工与其工作付出相匹配的工资待遇，这是企业主观上就要做的事，不能因为企业成本上升就挤压劳动力成本，以此来实现市场竞争。

此外，格力还努力为员工营造舒适的生活环境，让员工无后顾之忧。比如，格力先后斥资6亿元建设康乐园，为员工提供稳定充裕的生活环境。2018年8月，格力投资20亿元的"格力明珠广场"人才公寓正式奠基，力求实现员工与公司同进步、共发展，稳步推进"格力员工一人一套房"工程。同年9月，格力学校落成开学，公司积极利用政府学位政策，解决公司技术研发人员、管理骨干、双职工等群体子女入学需求，为员工解除后顾之忧，有效提升了员工的幸福感和满意度。

（4）高管工资从低到高。

董明珠2016年的税前薪酬为619万元，常务副总裁为434万元，其他副总裁薪酬在200万元左右。这些薪酬当然比普通大众高很多，但对一家年收入上千亿元、净利润百亿元的公司高管来讲，这种薪酬水平是偏低的。但是2017年，董明珠的税前薪酬上升到了702万，2018年更是暴涨到了960万，同比增加了36.8%，一下子就让董明珠在国内家电董事长的薪酬榜上排到了第一。

格力在薪酬管理上，制定科学合理的薪酬政策，采用有竞争力的薪酬水平策略，并努力通过给予员工不同形式的报酬来提升他们的获得感和幸福感,这些薪酬管理措施值得其他企业的管理者好好学习与研究。

众所周知,格力正在走自己的多元化之路,但效果似乎并不太理想。从薪酬管理的角度来讲,如何采取更为匹配的薪酬模式以促进格力战略目标的实现,应该是决策者思考的问题[39]。

4.1.4 星巴克的员工为何双倍工资都挖不走?[40]

企业招人难,留人更难。如何留住员工一直是企业的一大难题,留不住人不仅造成公司的人才损失,而且增加企业用人成本。星巴克中国区人力资源副总裁余华曾说:"有猎头公司的人常常问起,猎头看上办公室楼下的星巴克经理,但死活就是挖不走。"星巴克的员工为什么这么难挖呢?

(1)星巴克拥有自己独特的"伙伴文化"。

舒尔茨曾表示:"设想中完美的公司能给人们带来主人翁意识并能提供全面的医疗保险,最重要的是,工作能给他们带来自尊。人们普遍认为星巴克是一家能给他们带来自尊的公司,能尊重他们所做的贡献,不管员工的教育程度如何,工作地点在哪里。"

（2）拥有完善的培训体系。

培训一直被很多公司视为企业的成本负担，因此很多企业不愿意在这方面下功夫，还担心把员工培训好了结果被别的公司挖走。有这些想法是很正常的，因为这本身也是一项投资，一定会有风险。但是，星巴克显然在这项投资上下足了本钱。

（3）始终坚信，要顾客满意，首先要让员工满意。

一位新员工即将加入星巴克，在没入职前他就已经收到了经理的欢迎邮件。入职后，还会收到公司的欢迎礼包。新员工入职第一天，要和经理一起品尝咖啡，让新伙伴通过咖啡来了解这家公司。

这些无微不至的细节在星巴克已经成为规范，而所有这些，都是为了让新员工尽快融入星巴克。星巴克中国的25 000多名员工中，每个人都有类似的经历。不过他们并不将自己称为"店员"或"员工"，而是称为"伙伴"。将员工放在第一位，以人为本，让员工感受到尊重，这是星巴克最为人称道的企业文化，也是值得企业管理者学习的部分。

（4）透明的晋升机制和广阔的发展空间。

员工流动过于频繁的原因还在于缺乏晋升机会和转岗制度，尤其是普通员工，要想得到一次晋升或转岗的机会困难重重，但在星巴克，这些问题被顺利解决。

星巴克的"伙伴"晋升机制清晰而透明，其所有空缺职位首先对内部"伙伴"开放。在星巴克，20%的职位晋升是通过内部招聘完成的，零售一线的管理人员几乎100%是通过内部提升的。每个普通员工都有成为"咖啡大师"的机会，在星巴克，这是咖啡师的最高荣誉。

（5）拥有全面的薪酬福利政策。

不同公司针对员工会设计不同的薪酬福利政策，这在很大程度上影响了员工的工作积极性及离职率。星巴克的福利政策更多体现了它的人性化。

1）保险。

除了国家规定的必须缴纳的保险，公司还为包括门店兼职员工在内的所有员工购买了补充医疗保险和意外险，以保障员工的健康福利。

2）咖啡豆股票。

所谓"咖啡豆股票"，就是针对全体员工发放限制性股票，每个员工都持股，成为公司的股东之一，包括那些在星巴克做兼职的临时员工。兼职员工只要每星期工作超过20小时，一年做满360小时就可以享受当年的股票，第二年这个股票就能够兑现。

当然，股票发放存在一个标准体系。每年，星巴克总部会向不同市场投放不同数量的股票，员工可以根据绩效、表现、薪资水平得到属于自己的那份股票。公司每年投放的股票比例保持在 10% 以上。

3）星基金。

这是星巴克员工自发设立的一个互助计划，公司会定期往基金中投入资金。假如员工遇到意外，他们可以向委员会提出申请，并且有机会获得帮助，当然这个扶持基金并不能覆盖所有的需求。星基金同样向兼职员工开放。

人性是趋利的，没有不愿意干活的人，只有企业的薪酬激励不到位！正如任正非所言：钱给多了，不是人才也变成人才。简单，粗暴，在理！从人性的角度来看，我们相信：

- 利益点在哪里，人的时间和精力就在哪里。
- 物质利益是绝大多数人的第一驱动力。
- 只有当员工主动为自己工作，工作动力和创造力才是最强的。
- 人性是逐利的，如果没有利益驱动，员工不会拼命工作。
- 人性是懒惰的，如果员工不需要努力就能得到高薪酬，他更不会努力工作。[40]

企业找到了合适的创业者，给他投资了一大笔钱，给他准备了各种各样的资源，也给他设置了目标，此时这个创业者最终能否实现目标还有一个条件，那就是强激励保障。

4.2 基于大数据的市场薪酬定价

4.2.1 "薪动"如何"行动"？

所有人都希望自己在公司工作拿到的工资跟市场薪酬水平是一样的。但人们怎么知道市场薪酬水平是多少呢？市场中每个人的工资又是靠什么决定的呢？

佰职科技（北京）有限公司能获取全国的发布在网上的所有招聘需求，并且通过结构化，输出职位名称、招聘属性、工作城市、薪资范围上下限等等，进而帮助人们判断薪酬范围的上限和下限，知道市场薪酬大致在什么水平，如图 4-2 所示。

佰职科技（北京）有限公司是一家科技企业，旗下产品佰职网是一款融合"深度学习"技术的求职信息搜索引擎。它成立于 2015 年，经营范围包括：技术开发、技术服务；计算机系统服务；基础软件服务；应用软件服务；软件开发；

技术手法 重复数据深度语义理解去重

HR → 1条招聘信息 → 拉勾 / 51Job / 聘 / BOSS直聘 → 佰职去重算法 → 精准有效一条岗位信息

数据结构 22个标准化维度，百万种数据解读结果组合

序号	属性名称	备注
1	职位名称	如会计、投资经理、软件开发工程师等
2	招聘属性	分校园招聘、社会招聘两种
3	工作城市	如北京、上海、雄安等
4	学历要求	专科、本科、硕士、博士等
5	工作经验要求	多少年
6	薪资范围上限	如5 000~8 000元
7	薪资范围下限	如5 000~8 000元
8	公司名称	如中国石化、百度、北京银行等
9	公司地址	可精确到街道
10	公司规模	如5 000人、10 000人等
11	工资性质	国企、外企、民企、创业公司、上市公司等
12	公司所属行业	金融、互联网等
13	职业性质	会计、人力、销售、生产、普工等
14	岗位所需专业	人力资源专业、计算机专业
15	职位更新时间	职位内容更新后的时间
16	职位发布时间	该职位第一次发布的时间
17	福利描述（标签）	如"五险一金""14薪""交通补助"等
18	工作强度	朝九晚五、工作六天休息一天等
19	网站来源	智联招聘、前程无忧、猎聘、拉勾网等
20	通用能力要求	如沟通能力、文案写作能力、表达能力、组织协调能力等
21	语言要求	如英语、韩语等
22	岗位招聘人数	岗位招聘的人数

横向数据分析
纵向数据分析
时间跨度分析

图4-2 佰职基于大数据的薪酬定价过程

软件咨询；产品设计；市场调查；自然科学研究与试验发展；数据处理（数据处理中的银行卡中心，PUE 值*在 1.5 以上的云计算数据中心除外）等。当前，严峻的就业形势和互联网的普及，促使网络招聘行业快速发展，网络招聘企业远超 100 家，并且数量还在不断增长。2015 年，网络求职者规模约 1.26 亿，其中高校毕业生人数为 749 万人。佰职并不是一个招聘网站，它帮助求职者：(1) 实现全网搜索，在各大招聘网站上，一个有效职位都不错过；(2) 在佰职上填写一份简历，实现跨平台投递，告别填写不同网站上不同格式简历模板的时代。企业的目标用户群体是现有各类招聘网站的用户，一般是职场工龄 0~5 年的网络求职者。

以市场薪酬水平去确定本公司员工的工资，员工是没法说什么的。但是真正要做到薪酬激励，还是很复杂的一件事。不同的城市、不同的行业、不同的公司、不同的职责内容等都会影响到公司的薪酬水平。严格意义上讲，HR 最终需要通过这些信息构建薪酬函数，函数中包括那些决定薪酬水平的要素，以及这些要素分别贡献了薪酬水平的多大比例。如果公司员工有意见，把员工的相关信息提取出来放到函数中，

---

* PUE 值指数据中心消耗的所有能源与工厂负载消耗的能源之比。

HR 就能算出来这个人到底应该拿多少工资。

4.2.2 市场薪酬定价法

市场薪酬定价法，是指在薪酬调查的基础上，员工的薪酬严格遵照市场价格，与员工职位无关的薪酬体系（刘昕，贾蓓，2011）[41]。岗位评估是根据公司对该岗位的实际需求来进行的，而不是根据工作中特定的人所拥有的经验或者技术来评定。多数情况下，一个特定的岗位应该达到哪个水平是很明显的，HR 管理者可根据公司的岗位描述，充分理解每个岗位及其运作环境的综合信息来进行常识性的判断，必要时需要该岗位的上级领导的参与协助。值得注意的是，你是在对岗位进行评估，而不是岗位上的人，评估的是岗位的实际价值，而不是岗位的字面名称。对每个岗位进行评估之后，将得到关于每个岗位价值的得分表。以该得分表为基础，HR 管理者就可以合理建立不同岗位的级别序列，将具有相似工作价值的岗位分成各种职能的合理等级，并以此作为薪酬标准的范围和级别晋升标准。

（1）职位名称。

不同职位有不同职位的级别，同一个级别，薪资范围大概差不多。一个大型企业，从最低的员工级别到总裁和总经理职位，可能有五六个级别。每一个级别都有一个薪资范围，级别越高，薪资越高。

（2）岗位评估。

岗位评估是指在组织内部对岗位价值进行估算，主要是为了对不同岗位进行分级，为薪酬决策提供一个合理的基础。岗位评估适用于各类公司的人力资源管理。岗位评估技术包括三个步骤：第一，确定评估基准因素；第二，将各岗位按基准因素进行打分；第三，计算岗位价值。岗位评估的制度可以依据不同公司的具体要求而不同。

（3）工作城市。

我国各地区经济发展水平不同，受经济发展水平的影响和限制，各地区的薪酬水平有较大的差距，在不同城市工作的员工，往往薪酬也有较大差异。一线城市或经济发展水平较高的城市，薪资水平普遍较高，二三线甚至落后地区的薪资会依次递减。

（4）不同模式下的薪酬管理。

不同模式下的薪酬管理对比如图4-3所示。

```
┌─────────────┐                    ┌─────────────┐
│  职位薪酬   │                    │  能力薪酬   │
└─────────────┘                    └─────────────┘
```

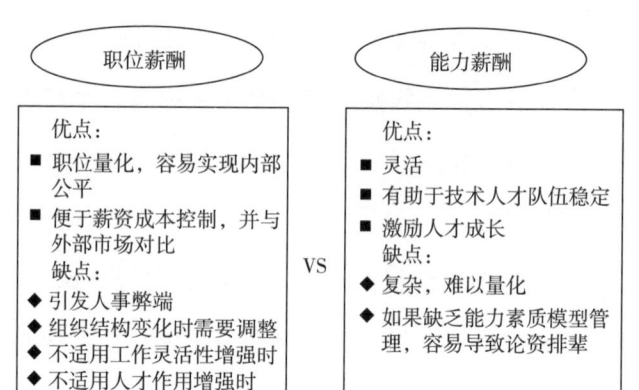

优点：	优点：
■ 职位量化，容易实现内部公平	■ 灵活
■ 便于薪资成本控制，并与外部市场对比	■ 有助于技术人才队伍稳定
缺点：	■ 激励人才成长
◆ 引发人事弊端	缺点：
◆ 组织结构变化时需要调整	◆ 复杂，难以量化
◆ 不适用工作灵活性增强时	◆ 如果缺乏能力素质模型管理，容易导致论资排辈
◆ 不适用人才作用增强时	

图 4-3　薪酬管理两大基本模式对比

4.3　效率薪酬

4.3.1　效率工资理论

效率工资理论指的是企业支付给员工比市场保留工资高得多的工资，促使员工努力工作的一种激励与薪酬制度。效率工资理论的核心假设是雇员的生产率是其工资水平的增函数（Allen, 2014）[42]，即生产率取决于工资水平的高低，或高工资能带来高生产率，高生产率是高工资的结果（宋晶，陈园园，2016）[43]。

事实证明，效率工资已经成为企业吸引人才的利器，它可以相对提高员工努力工作、对企业忠诚的个人效用，提高员工偷懒的成本，具有激励和约束双重功效。采用效率工资制度有助于解决企业的监控困难。

效率工资理论包括四个模型：（1）道德风险模型：雇主由于信息的劣势无法正确观察到员工真正的努力程度，所以利用支付高于员工机会成本的工资的正面策略，配合开除被抓到偷懒的员工的负面措施，来诱导员工努力工作。（2）逆向选择模型：无法正确观察到员工真实的人力素质，仅知高工资可雇用到高素质的员工，减薪则会使高素质的员工率先离去。（3）礼物交换模型：利用人性，高工资可诱发员工投桃报李的心态而提高生产率，减薪则会引发员工的报复心理而降低生产率。（4）离职成本模型：高工资能降低员工离职率，从而节省招募与培训等人事费用。

效率工资理论的优点分析：

（1）防范道德风险。现实中企业老板不可能时刻监督员工的工作，为了防止员工偷懒怠工，他们支付员工较高的工资，工资越高意味着员工因怠工而被开除的成本越大（假设条件是老板一发现员工偷懒立刻解除合同）。效率工资还可以作为一种激励员工的措施，来提高员工工作的努力程度，使他们通过努力工作得到的工资报酬大于他们选择偷懒兼职等行为所得到的报酬，即满足激励相容约束条件。

（2）增加员工归属感，减少人员流动。较高的效率工资能提高员工对企业的忠诚度和员工的工作效率，企业采用效率工资可以降低员工的外流率。因为企业提供给员工的工资水平高于市场的均衡工资水平，员工辞职的想法就会明显减少。因为实际工资水平和职工辞职率是反向变量，对企业来说，员工的离职会使企业付出巨大的代价，企业可能会因为失去一个关键岗位的员工而受到极大的影响（例如客户订单减少），所以企业会为减少员工流失而愿意支付较高的效率工资。效率工资的采用可以降低离职率，将企业所需的高技能的劳动者吸引到企业中。

（3）增强企业竞争力，吸引高素质人才。效率工资理论的基本出发点是工资与效率的正相关，二者正相关的解释有：较高的工资能够吸引好的、高效率的、勤奋的工人。阿克洛夫认为，在雇主与求职者信息不对称的情况下，效率工资能提高雇员的整体素质。工资定得高一些，虽然在吸引高素质求职者的同时也会吸引低素质的求职者，但企业可以从中筛选，如通过求职者的学历、着装、谈吐、举止等加以识别，从而保证招到高素质的员工，提高企业的整体竞争力。

效率工资的缺点也非常明显，表现在：

（1）过于强调报酬激励而忽视精神激励。站在管理学的角度，效率工资理论不重视精神层面的激励而过分强调报酬的激励方式，而其他层面的激励能和报酬激励产生一种替代关系。美国心理学家马斯洛提出了需要层次理论：生理的需要、安全的需要、社交的需要、尊重的需要、自我实现的需要。该理论认为，已经得到满足的需要就不再起到激励的效果。在那些 IT 行业中，企业已经给了员工很高的工资，所以员工的最低需求得到满足，如果还一味地采用效率工资，对员工的激励效果就会减少。所以企业在实行效率工资的同时还应加上其他的辅助激励措施。

（2）过于理想化，具有局限性。20 世纪 60 年代，美国管理心理学家亚当斯提出了公平理论，该理论认为，人们会采用纵向和横向比较来验证自己的工资是否公平。如果自己在私下经过对比发现，现在的工资比劳动力市场提供的均衡工资低，他就会在工作积极性上有所下降，除非老板给他提高工资。员工普遍认为，自己的工作时间增加，自己工作的熟练程度也会相应提高，所以会要求老板为其提高工资。老板只有不断提高员工的工资才能保证生产效率不下降，效率工资起到激励效果，这样一来企业就会不断提高产品的成本价格。在相同原理下，横向比较就是将别人的工资与自己的工资进行比较，从而判断自己所得的工资是否公平。在其他企业还没有实行效率工资时，个别采用效率工资的企业的生产率会有显著的变化，但假如企业都采用效率工资提高了员工的工资，那么效率工资的激励效果就会下降。

老板为激励员工可以开出高工资水平和低工资水平，员工会因为工资水平的高低来选择努力工作或者偷懒行为。因为对员工的监督成本较高，所以监督实行起来比较困难，加之有观点认为，不管老板给员工高工资还是低工资，员工都会选择偷懒行为，所以在劳动力市场信息不对称的情况下，老板对员工应用效率工资做出激励时，员工会采取高工资低努力的偷懒行为。

4.3.2 效率工资理论模型：多案例组合

（1）格力电器"礼物交换模型"的管理实践。

企业的效率工资是用来交换员工加倍工作的，而员工加倍工作也是用来获取企业高工资的。社会关系中的互惠原则是效率工资起作用的基本条件。礼物交换模型是指利用人性，高工资可诱发员工投桃报李的心态而提高生产率，减薪则会引发员工的报复心理而降低生产率。比如，2018年格力宣布按照人均每月加薪1 000元的总额度，根据绩效、岗位给员工加薪，这是继2016年12月给所有人每月普涨1 000元后再次加薪。从工资理论的角度来看，给员工加薪属于效率工资理论中的"礼物",以薪酬向员工交换忠诚、更珍惜工作等"礼物"。制造业员工或是销售人员的流动性很强,给企业的稳定发展和千亿销售目标带来压力。家电行业的激烈竞争更是需要包括员工、高管在内的人力资源作为支撑。整体提高薪酬有助于企业获得熟练工人和高质量管理人员。

(2) 福特汽车公司"离职成本模型与道德风险模型"的管理实践。

福特既是一个技术创新者,又是一个制度创新者。福特在汽车业成功的不仅源于其流水线应用的技术创新,还源于其效率工资应用的制度创新。在美国汽车行业迅速发展的20世纪初,汽车业工人的工作流动性很强,这给企业的稳定发展带来压力。此外,劳动力市场的旺盛需求在一定程度上也助长了工人在劳动过程中的机会主义。1914年,亨利·福特开始向工人支付每天5美元的工资。当时普遍的工资水平在每天2~3美元,福特汽车公司的工资远远高于均衡水平。求职者在福特汽车工厂外排起长队,为争抢工作岗位近乎发生骚乱。当时的一份调查报告显示:"福特的高工资摆脱了惰性和生活中的阻力。工人绝对听话,而且可以很有把握地说,从1913年的最后一天以来,福特汽车工厂的劳动力成本每天都在下降。"高工资提高了工人的积极性,增强了企业的凝聚力。福特公司雇员的辞职率下降了87%，解雇率下降了90%，缺勤率也下降了75%。高工资带来了更高的劳动生产率，福特汽车的价格相比对手便宜很多。汽车销售量从1909年的58 000辆直线上升至1916年的730 000辆。

为什么要支付远远高于市场水平的高工资呢？亨利·福特后来回忆说："我们想支付这些工资，以便公司有一个持久的基础，我们为未来而建设低工资的企业总是无保障的。为每天8小时支付5美元是我们所做出的最好的降低成本的事之一。"通过支付高工资来降低成本，显然不符合传统经济学的逻辑。但实际上，由于高工资带来的岗位稳定性的增加和工人劳动生产率的提高，总成本确实降低了。

(3) 珠海某合资公司"逆向选择模型"的管理实践。

珠海某合资公司的人均收入远高于珠海市同行业平均水平，但公司紧缺人才的收入却低于社会平均水平。企业管理者无法正确观察到员工真实的人力素质，仅知高工资可雇用到高素质的员工，减薪则会使高素质的员工率先离去。该企业的逆向选择在现实中的直接表现形式是高质量人才的大批量流失。虽然员工月收入普遍比较低，但是每到年底却会得到一大笔奖金。从老板的角度来看，他的薪酬成本还是比较高的，可问题是，有些员工仍旧对薪酬有很大的抱怨，甚至有些骨干员工觉得受到了不公平待遇,纷纷离开公司,另谋高就。

4.4 从薪酬到人力资本金融

4.4.1 人力资本金融的内涵

自从人们的工资从信封里的现金变成银行账户上的数字,金融对人力资源管理的颠覆就已经开始。现在,金融借助互联网与大数据技术又开始了新的、更大的贯穿人力资本管理过程的颠覆(士云魁,李浩翔,2017)[44]。研究表明,我国金融发展对人力资本的促进是显著的,而且二者之间具有长期的协整关系。

(1) 人力资本投资管理:教育培训开发。例如,民航飞行学院的学生基本上一进学院就会和航空公司签订合同,航空公司要给学生提供学费等各种费用。如果航空公司不提供的话,可能就招不到受过专业训练的年轻飞行员了。

(2) 人力资本收益管理:从债权到股权设计。例如,英特尔有一个股票参与计划:员工可以低于市价至少 15% 的价格购入公司的股票;员工可以把他们薪酬中不高于 10% 的部分拿来投资。这是公司从人力资本金融的角度对员工的激励。工资从本质上讲是债权，奖金、分红、期权等则是股权。人力资源部门为什么悲催？人力资源部门在公司的三大报表里到处是成本，而不会说话的机器却是资产，所以从工业时代延续下来的会计报表也有不科学之处。

（3）人力资本增值管理：从存款到理财。例如，宇通公司会管工资发到员工手上以后的事。宇通公司有一个信托投资公司，员工可以把钱投到信托公司，公司帮他们理财。

4.4.2　人力资本金融的渊源

随着中国经济增速的下滑和人口红利的消退，企业的薪酬成本增长率在2011年以后已经超过GDP的增长率。如图4-4所示，企业的薪酬成本压力逐渐显现。

根据伊博森的估计（如图4-5所示）：随着典型投资者年龄的增大，他拥有的人力资本与金融资本的占比是：25岁时，投资者拥有的整体资产中96%都是人力资本，仅有4%的金融资产；随着年龄增大，投资者的人力资本逐渐转变为金融资产，到65岁时，投资者所拥有的金融资产占比达到60%，超过了人力资本40%的占比。这意味着45岁之前，员工的薪酬收入是他主要的生活来源，可回答为什么员工会为了更

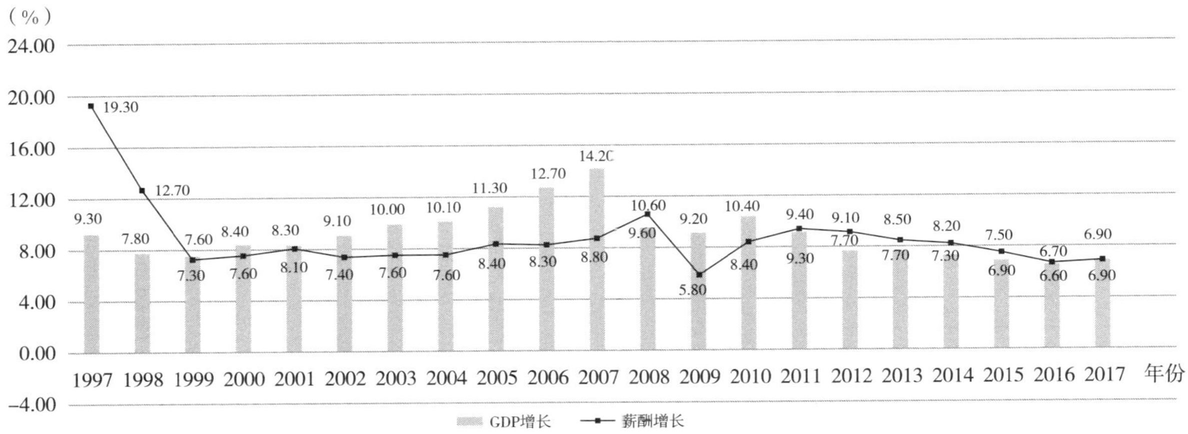

图 4-4　1997—2017 年 GDP 增长与薪酬增长的关系

资料来源：人力资本金融化，企业和员工财富双赢的利器（2018-01-15）．https://www.sohu.com/a/216853609_568548．

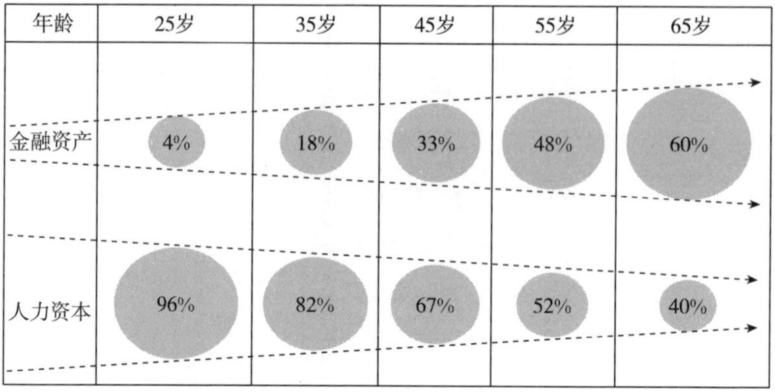

年龄	25岁	35岁	45岁	55岁	65岁
金融资产	4%	18%	33%	48%	60%
人力资本	96%	82%	67%	52%	40%

图 4-5 随年龄变化的金融资产与人力资本

资料来源：人力资本金融化，企业和员工财富双赢的利器．（2018-01-15）．https://www.sohu.com/a/216853609_568548．

高的薪酬而跳槽。如果员工在 45 岁以前的金融资产能够得到有效的增值，从而提高在整体资产中的占比，那么员工就能通过金融资产来实现更多的生活目标，降低生活开支对薪酬收入的依赖，也就能在一定程度上降低因为生活压力而寻求更高薪酬而导致的离职率。此结论对企业的利好是不言而喻的，因为企业不用依靠持续提高工资水平来留住员工。当然这只是降低企业薪酬成本增长率，企业仍需依靠其他管理制度来留住员工。

人力资本金融的意义是什么呢？首先，人力资本金融化最根本的目标是实现企业可持续发展。在互联网信息时代，工作类型的多样、信息成本的降低及人们工作思维的转变，为企业吸引和留住人才带来了挑战。显然，一个企业如果无法留住所需的人才，将难以继续发展。因此，人力资本金融化的根本目标是通过满足员工的财富保值增值需求，吸引和留住人才，进而实现企业的可持续发展。

其次，人力资本金融化的本质是一种绩效激励，是企业人才管理的重要内容。绩效激励的作用在于：激励人才发挥价值创造性，牵引人才使用与配置往正确的方向发展，约束人才的不合理行为。人力资本金融化作为一种满足企业员工财富保值增值需求的工具，具有激励人才发挥价值创造性和提高人才使用与配置效率的双重功能。因此，人力资本金融化的本质是通过满足员工的需求，达到激励的作用。此外，已有研究显示，人力资本水平在科技金融与科技创新之间起到部分中介作用，随着人力资本水平的提升，地区科研氛围对于科技创新能力的促进作用更强（李林汉，田卫民，2019）[45]。

最后，人力资本金融化是通过引入外部金融机构管理人力资源计划、合理运用金融工具和金融产品，达到人力资本金融化的目标。人力资本金融化最主要的做法就是利用外部金融机构来帮助企业管理人力资源计划，尤其是在涉及企业员工财富保值增值层面。例如，利用外部金融机构可以分层级管理企业不同层级的员工，为不同层级员工提供不同的理财计划，从而实现他们的财富增值目标。

人力资本金融化之所以出现，是为了解决我国当前"养老难""留人难"等经济社会发展现状带给企业的人力资源管理难题。一方面，人力资本金融化能够进一步应对当前"未富先老"的社会大问题，能够依托企业自身的调节来提高社会养老、综合养老的能力，能够提高企业员工后期的社会保障。另一方面，人力资本金融化是企业间竞争的必然结果。企业面对"招聘难""留人难"的难题，如果不能给员工更多更好的待遇和福利，造成优秀人才流失，就会对企业长期发展非常不利。人力资源部门可以借人力资本金融化来破解这个难题，以此来应对越来越激烈的市场竞争。因此，人力资本金融化可以提高企业竞争力，在当前社会背景下，其实施具有可行性和紧迫性，是当前人力资源部门的重大机遇。

企业应针对不同的员工群体（如管理层、中层干部、基层员工等）设计不同的薪酬和福利计划。这些薪酬计划应该具有个性化的特点，能够满足员工的不同需求。近年来，金融机构的理财产品、基金、股票及信托产品日益丰富，这为企业建立具有激励性的薪酬计划提供了巨大空间。在人力资本金融化的过程中，企业可以重点关注员工福利组合设计，关注稳定的、长期的投资金融工具和理财产品。通过富有特色的人力资源金融解决方案，满足员工对财富保值增值的多样化需求。

比如，阿里巴巴员工获得受限制股份单位后，入职满一年方可行权。每一份受限制股份单位的发放则是分 4 年逐步到位，每年授予 25%。而由于每年都会伴随奖金发放新的受限制股份单位奖励，员工手中所持受限制股份单位的数量会滚动增加。这种滚动增加的方式，使得阿里巴巴的员工手上总会有一部分尚未行权的期权，进而帮助公司留住员工。表 4-2 显示了阿里巴巴的薪酬等级。

表 4-2　阿里巴巴的薪酬等级

级别体系			薪酬体系	
技术职级	岗位定义	管理职级	薪资	股票（4 年拿完）
P1，P2	低端岗位	—	—	—
P3	助理	—	学历和经验决定	—
P4	初级专员	—	学历和经验决定	—
P5	高级工程师	—	15 万 ~25 万元	无
P6	资深工程师	M1 主管	20 万 ~35 万元	无
P7	技术专家	M2 主管	40 万 ~60 万元	2 400 股左右
P8	高级专家	M3 高级经理	60 万 ~100 万元	6 400 股左右
P9	资深专家	M4（核心）总监	100 万 ~120 万元	16 000 股左右
P10	研究员	M5 高级总监	—	—

资料来源：阿里巴巴薪水级别一览 . (2019-02-25) . https://blog.csdn.net/tanqingbo/article/details/100706589.

总之，人力资本金融化首先能针对不同员工的金融方案满足其财产保值增值需求。其次，它有助于完善企业对员工的激励机制。外部金融机构不仅能利用理财产品帮助员工实现财产保值增值，还可以配合企业设计、实施股权及基金等激励制度，激发员工的积极性、主动性、创造性。最后，它能促进企业人力资源优化配置。企业可以与人力资源公司和金融公司合作，由人力资源公司设计培训方案、确立考核标准，由金融公司负责制定奖罚措施，企业具体执行，三方合作促进人力资源的优化配置。只要企业引进金融机构服务的成本低于企业因人才流失、招聘等发生的隐性成本和显性成本之和，人力资本金融化就是有效的。

4.5 总报酬

4.5.1 总报酬模型

美国薪酬管理协会在 2006 年提出了总报酬模型，如图 4-6 所示，本书这部分是基本"保健因素"。因为在强激励的部分，员工更看重"钱"的问题，"钱"是其他报酬的前提。员工的需要其实不是层次的概念，而是在一堆感兴趣的东西中挑一个最感兴趣的。在劳动力多元化、全球化和成本控制压力的背景下,总报酬在研究解决组织有效配置激励资源和满足员工个体激励需求的薪酬管理问题方面,面临巨大的现实需求,展现出了良好的发展潜力(郝玉明,2014)[46]。尤其是,高层管理者的意志在创新活动决策中起到主导作用,有效的高管激励机制是企业研发投入和公司运营的必要保障(尹美群,盛磊,李文博,2018)[47]。

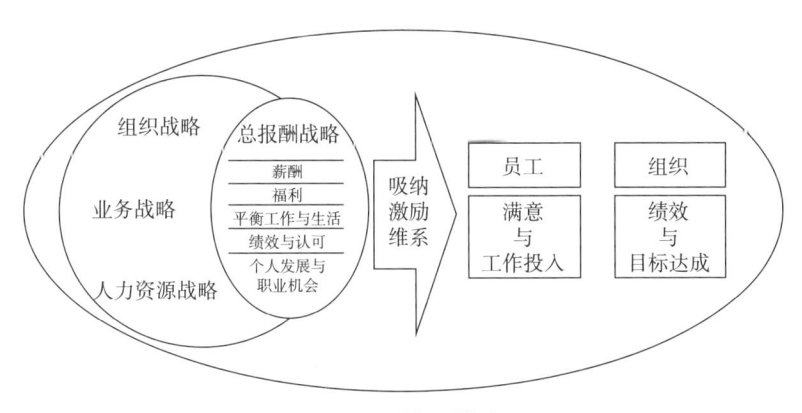

图 4-6　总报酬模型

如表 4-3 所示,总报酬的理念经过不断演变,更加强调通过对内外部环境变化的分析,有针对性地将总报酬导入组织的薪酬实践,以此吸引和激励员工,提高员工的参与度和满意度,并最终实现组织绩效提升和发展目标的达成。

表 4-3 总报酬理念的演变

阶段	时间	发起者	主要特征
思维框架产生	20世纪90年代初	托伯曼（1990）	把有形报酬与无形报酬有机结合，以一个整体的思维框架来考虑薪酬的内涵和外延
模型出现	2000年	美国薪酬管理协会	在关注薪酬和福利的同时，将工作体验作为模型框架的重要组成部分
模型发展	2006年	美国薪酬管理协会	明确了总报酬的概念——任何员工认为具有价值的东西都有可能成为总报酬的组成部分
			系统整理了总报酬的思考框架——薪酬战略被置于组织整体发展战略之中，成为支持组织人力资源战略实现的重要工具
			重新设计和明确了总报酬模型的五大构成要素

重新设计总报酬的五大构成要素包括：

（1）薪酬。薪酬作为总报酬的重要内容，包括固定薪酬（fixed pay）和浮动薪酬（variable pay）两个部分。

（2）福利。福利是雇主为雇员提供现金报酬之外的补充。福利计划通常被设计用来保护员工及其家庭免受财务风险的影响，大致可以分为社会保险、集体保险，以及非工作时间报酬等几类。

（3）平衡工作与生活（work-life）。这是组织特别设计的一系列旨在帮助员工在事业与家庭方面同时获得成功的政策和制度规定，甚至只是一种惯例或者一种价值观。

（4）绩效与认可。绩效目标的实现是组织成功的关键，而对绩效结果的关注恰恰是总报酬模型的一个重要特征。如何通过有效的引导机制实现组织绩效、团队绩效和个人绩效的一致性，进而实现组织的发展目标，总报酬模型充分强调了绩效管理的重要作用。认可是指承认员工的绩效贡献，并对员工的努力工作给予特别关注。被人认可并承认自己对组织的价值，是员工一种内在的心理需要，不管这种认可和承认是正式的还是非正式的。如果能够创造一种尊重员工贡献、认可员工价值的工作氛围，组织将很快能够看到员工的工作状态正在朝着期望的方向改变。通过认可计划，可以适当地以现金或非现金的方式（如口头表扬、授予奖品、与公司领导共进晚餐等），对员工的优秀表现进行非常规性的奖励，比如带薪休假、旅游等。

（5）个人发展与职业机会。个人发展指组织为员工提供有价值的培训和学习机会以提升他们的工作能力，通常与员工的业绩改善高度相关。职业机会指组织重视人才的内部培养，规划员工的职业发展，并在组织内部为其提供工作轮换的机会和职位晋升的空间，确保优秀的员工在组织中发挥最大的潜能。

4.5.2 总报酬模型的十个控制点

（1）理念先行，加强宣导。

理念在任何时候都起着先导作用，在导入总报酬模型时首先要重视对员工的积极宣导。员工初次接触总报酬模型时，往往会感到不知所措，这种不确定性会让员工产生抵触情绪。在实践中，可以请管理咨询公司对全体员工就新的薪酬模型进行讲解，鼓励员工积极参与。

（2）理解内涵，整体把握。

总报酬模型的贡献就在于它从激励的角度将五大要素有效结合起来，将一切对员工有价值的东西都视为可能的报酬要素。通过有机地整合所有激励资源来为员工提供个性化的付酬方案，做成一揽子计划，有利于员工满意度和积极性的提高，这对于薪酬管理而言是一个全新的视角。

（3）工作体验，实现量化。

对于员工工作体验方面要有可以衡量的标准，一般这个标准就是工作体验的价值。员工的需要可能有很多种，对那些可以衡量的实物或服务定价比较容易，而对于那些不能直接用货币衡量的，则要根据一定的标准折算成现值进行定价。

（4）鼓励参与，充分沟通。

员工可以对新的福利种类提出建议，只要是合理的都应得到重视并进行调整。这样做不仅能激发员工积极主动参与薪酬体系的设计，也能促进企业更多地了解员工的不同需求，聆听员工的心声。但是，员工提出的需求有些可能是目前阶段无法满足的，这就需要企业与员工充分沟通，求同存异，获得员工的充分理解。

（5）自由选择，"套餐"搭配。

在制度允许的范围内，员工可以根据自己的实际情况和个人偏好，自由选择各个要素在自己薪酬中所占的比例。关键是要清晰地界定各种福利之间的关系。此外，在实际操作中，特别是在总报酬模型初始运行阶段，企业可以先为员工搭配几种"组合套餐"进行过渡，这样既可以让员工逐渐认识并接受它，又可以为企业节约一定的人力、物力和财力。

（6）精选要素，灵活应用。

总报酬模型是从五个要素来设计员工报酬的，但在实际操作中，不必完全拘泥于这五个要素。实质重于形式，企业需要在准确把握内外部环境变化的基础上，选择那些最具价值的薪酬要素作为总报酬的组成部分，进而设定不同薪酬要素之间的相对比例，并仔细考虑不同要素之间的相互影响。

(7) 量身定做，切忌照搬。

不同企业所处的环境、发展阶段和地域不同，其使用的薪酬方法也应当不同。没有一种薪酬方案能够适用于所有的企业，即便同一企业在不同的发展阶段薪酬方案也有所不同。只有将总报酬模型的原理与企业的具体情况相结合才能充分发挥总报酬模型的功效，切勿照抄照搬其他企业的模式和经验。

(8) 人员培训，两个重点。

总报酬模型作用的发挥在很大程度上依赖于人力资源管理者的素质和专业技能，因此，要注意加强对人力资源管理者的培训。培训的重点主要是观念的转变和技能的提高。

(9) 平台建设，夯实基础。

企业要想通过薪酬管理变革在人才竞争中获得优势，必须有扎实的人力资源作为基础，正所谓"基础不牢，地动山摇"。现实中很多企业的管理基础性工作相当薄弱，基于总报酬的薪酬管理变革缺乏必要的平台支撑。为此，要重点从工作分析、绩效考核以及人力资源信息系统三个方面来完善制度建设，规范工作流程，弥补管理平台建设的不足。

(10) 先易后难，循序渐进。

薪酬体系的改革有激进式改革和渐进式改革两种方式。

企业实施总报酬模型时要循序渐进,可以考虑从一个部门、一个下属公司或者一个管理层级开始试点,讲求充分的上下沟通并逐步推进,待其与企业适应后再全面实施,这样可以减少变革带来的负面影响和冲击。

4.5.3 谷歌的总报酬模型[48]

谷歌推出以绩效为导向的富有竞争力的全面薪酬。谷歌的全面薪酬包括工资、津贴、奖金、福利、保险、股票期权等。在对员工的短期、中期和长期激励上,它们各自发挥着不同的作用。

(1)平时福利与死亡福利。

第一,为了让员工保持愉快的心情,谷歌制定了高标准的员工福利政策,包括健身中心、免费美食、免费理发、医疗服务以及各种高科技清洗服务等。

第二,如果员工不幸去世,其配偶能在未来10年享受去世员工的半数薪酬;他们的未成年子女还能每月收到1 000美元的生活费直至19周岁。除此之外,配偶还能获得去世员工的股权授予。这项福利给谷歌人才战略带来的无形效果是难以估量的。

(2)绩效与认可:谷歌公司秉持要对贡献杰出者给予慷

慨回报的理念，设立了创始人大奖计划。创始人大奖旨在对那些为公司创造巨大价值的团队成就给予异常丰厚的回报。奖励以谷歌股票（单位）（GSU）的形式颁发，会随着时间推移而增值。团队成员得到的奖励按照他们的贡献水平确定，而向个人颁发的最高奖的价值有可能达到几百万美元。

谷歌奖金不是根据工作量分配，而是依赖于项目的重要程度。即使员工负责一个非常小并且在其他人看来是超乎目前应用水平或者毫无实际应用的软件产品，但只要员工能证明他的想法是正确的，而反对者是错误的，那么该员工的奖金同样数目不菲。

谷歌公司还实行另外一种奖励机制：每个季度末，公司会将每一个项目向所有员工公示，并且附上完成该项目的员工的名字和照片。谷歌这样做的原因很简单：在这样一个引领互联网发展方向的豪门里，每个项目的成败都关系着公司的命运，所以任何一个关系公司未来命运的人都应该受到所有员工的尊重。以下是总报酬模型给予谷歌员工的真实感受：

（1）谷歌的死亡福利真心不错！配偶可以获得去世员工的股权以及一半薪酬。

（2）对于新手父母，谷歌给男员工6周的休假，女员工18周的休假。休假期间，员工的工资和奖金照常。谷歌甚至还在员工生育后很快就发放一份"亲子费"（奶粉钱），帮助员工负担购买尿布、外卖和婴儿食品所需的费用。

（3）对员工切身利益的关怀：谷歌最打动其员工的不是在语言上承诺关爱员工，而是真的把员工的切身利益放在非常重要的位置。据一位因意外而非工伤住院的员工描述，从人力资源部、经理到同事，谷歌上上下下都很关心他的伤势，告诉他专心治疗、养伤就好，并为他制定了非常合理的工作目标，这让他出院后很快重新适应了工作，继续承担受伤之前的工作。

（4）供职谷歌对员工来说，最好的福利就是可以亲眼见到员工从小听说的人，并与他们面对面交谈。

（5）最好的福利是和伟大、智慧的人共事。在团队分配工作时，知道每一个人都会高质量地完成自己手中的工作，这种互相信任、精诚合作的感觉特别棒。其他帖子提到的福利也很棒，企业最关键的福利还是"人"。

第五章

优服务支持

人力资本经营需要充分利用专业化的人力资源服务。农业时代是自给自足的时代，工业时代是企业生产产品的时代，时至今日，社会几乎能提供所有人们想要的商品和服务。那人们是选择自己提供还是第三方机构提供呢？这需要考虑成本有效性。例如有些业务，虽然企业自己做的成本并不高，但是市场提供的业务质量更高。这意味着，在进行人力资源管理，对创业者进行投资的时候，并不是创业过程中的所有事情都由创业者来做，也不是所有的事情都由风险投资者来做，而是应该充分利用社会第三方服务的资源，让它们把资源配置到最好的位置。

5.1　新人才服务

当前，我国人力资源服务行业正处于较快的发展阶段。虽然人力资源服务行业的迈进速度与步幅较大，但若想达到规模水平，仍有一定距离。突出问题表现在：首先，创新能力和专业人才缺乏，这是制约人力资源服务行业高质量发展的关键问题。随着互联网等信息技术与产业融合加深，互联网技术以飞快的速度渗透人力资源服务各领域，从事人力资源服务行业的工作者却大多仍处于传统技术阶段，技能需求升级导致创新能力和专业人才空缺。

其次，行业整体发展质量有待进一步提高。尽管我国人力资源服务业取得了较大进步，总体来看却是以规模扩张为特征的"粗放式"发展。行业发展的贡献主要来自以劳务派遣、人事代理、外包业务为代表的快速发展，这种发展的主要特点是速度快，以服务对象的规模取胜，除少量专业外包业务，这些代理性质的业务技术含量都较低。如今互联网以及大数据技术发展已经较为成熟，运用此类技术可以大大提高服务效率与质量，而人力资源服务行业在这方面仍然欠缺，有待加强。

最后，人力资源服务业发展面临的第三个问题是区域发展不均衡。从区域行业的发展情况看，北京、上海、广东、浙江、江苏等东部省市的人力资源服务业相对发达，人力资源服务规模在全国占有较大比重。作为新兴行业，出现在一线较为发达的城市以及经济水平在全国领先的省份实属正常，只有这些地方才存在人力资源服务对象，才存在相对较多的业务。

然而，中西部地区的人力资源服务业发展相对滞后，产业规模和创新程度远远低于东部地区。这种不平衡会导致该行业在不同地区的发展水平逐渐拉大。若要全国普及或者说相对均衡，绝不是一蹴而就之事，人力资源服务业必然需要较长的实践历程。

5.1.1 新人才服务涉猎的服务类型及作用

人才服务即解决两件事。第一件事，公司有任务，HR 如何帮助公司找到合适的人？第二件事，人才配置完成后，在管理过程中 HR 如何给人才提供服务？人才服务内容广泛，包括人才测评服务、薪酬方案制定服务、人才职业发展服务、人才规划服务、人才招聘与配置服务、人才绩效管理服务、人才培训服务、人才咨询服务、人才派遣服务、人才外包服务、电子化人才信息技术服务、人力资源业务合作伙伴服务等等（陈国海，马海刚，2016）[49]。

人力资源服务业就是为人才和用人单位提供相关服务，从而促进人力资源的有效开发与优化配置的服务行业。新人才服务能够帮助 HR 提供的服务非常全面，帮助解决企业人力资源及人才管理方面的诸多问题，提高人员配置效率，提高人力资源利用率，为企业降低成本，帮助其解决挖掘人才能力不足的问题。

5.1.2 新人才服务有待在国内大力推广

人才服务目前处于萌芽阶段，应用并不广泛，甚至并未得到国有企业及国家政府的重视与支持。新人才服务不仅基于新技术回应人才管理需求，而且能更好地回应人才发展的需求，尤其符合如今企业的发展趋势（企业管理对人才及人力资源管理的重视程度正日益上升），具有非常大的价值。作为新兴的稚嫩产业，政府部门需要率先突破政策框架，加大政府采购人才服务的力度，引导社会单位关注、重视并使用人才服务产品。

"加快发展现代服务业"是习近平总书记在党的十九大报告中提出的明确要求，也是实现"中国服务 + 中国制造"融合发展的客观需要。目前国内许多城市依靠人工智能等先进技术引领现代服务业变革，形成以研究设计、电子商务、文化创意、全域旅游、养老服务、健康服务、人力资源服务、服务外包等八大领域为主体的多元发展格局（于苗苗，2020）[50]。显然，人才服务等人力资源服务有待在国内大力推广。

5.1.3 新人才服务行业的发展战略选择

新人才服务行业目前仍然处于亟须大力发展的阶段，而一个行业的发展战略与方向的选择是极其重要的。通过分析新人才服务行业所处的大环境以及所拥有的条件，我们认为可从以下几方面入手，促进人力资源服务行业向更高质量的方向发展。

首先，着眼劳动者全生命周期，延展人力资源服务边界。一是扩大服务对象的年龄跨度，由劳动年龄阶段扩展到全生命周期。遵循教育的客观规律和劳动者在不同阶段的人力资源服务需求，以职业能力准备和职业需求为导向，探索劳动者进入人力资源市场前的教育和培训服务。例如，以提升劳动者职业能力，扩大人力资源市场有效供给，优化市场配置效率为重点，针对老龄人口的特点，设计和开发适合老龄人口的岗位，提供适合老龄人口行为方式的职业介绍、培训、外包、保险、健康等服务。二是把服务范围由工作行为扩展到消费行为，在老年人才的智力共享和休闲旅游、特定群体的保险个性化消费等领域推动职业服务和消费服务跨界创新。

其次，打造技术和资本"双引擎"，形成行业发展的新动能。加大对人力资源服务领域科技创新和科技成果转化的支持力度，鼓励人力资源服务机构、高新技术企业等利用新技术在"互联网+人力资源服务""人工智能+人力资源服务"等领域进行人力资源服务方式和商业模式的创新。在熊彼特、索洛、卢卡斯、罗默等人的基础上，经济学家艾伦和爱德华（Ellen and Edward, 2009; 2010）[51-52]首度公开提出技术资本（technology capital）命题，将其界定为由企业等组织研发形成的专利、非专利技术、商标及其他重要技术形态，进一步测度了其对宏观经济增长的贡献。可见，技术和资本是新人才服务行业发展的重要动能。

再次，以人力资源服务产业园区为载体，打造营商环境新范本。从实践探索看，人力资源服务产业园区建设已经形成了以国家级人力资源服务产业园区为牵引，各地区人力资源服务产业园区蓬勃发展的格局，在推动产业集聚、改善企业发展环境、推动行业创新创业活动等方面发挥了良好的作用。未来，要在总结经验的基础上，围绕"放管服"改革的总体要求，以做好相关发展政策和法律法规落实的"最后一公里"为重点，把人力资源服务产业园区打造成产业营商环境建设的范本。

最后，整合各类教育资源，加强行业从业人员队伍建设。完善各类高校、职业院校相关专业的人才培养模式，增加信息技术、公共管理等相关内容。鼓励高校将国内外相关技术和成功案例引入教学。鼓励学校聘请企业、研发机构的经营管理、技术人才作为兼职教师，实现人才培养的产学研互动。充分利用现有专业技术人员继续教育、各级公共技能培训和实训基地等继续教育载体，增加或者加强人力资源技术研发、经营管理等领域的内容。依托高校、科研机构、企业的智力资源和研究平台，建立一批联合实训基地，把就业、人才培养和能力提升有机结合起来（田永坡，2019）[53]。

5.1.4　索尼如何成功地发展新人才服务[54]

索尼电子在美国拥有 14 000 名员工，人力资源专员分布在 7 个地点，尽管投资开发了 PEOPLESOFT 软件，但索尼仍不断追求发挥最佳技术功效，为此，索尼最需要的是更新其软件系统，缩短其预期状态与现实状态之间的差距。在索尼找到怡安翰威特之前，索尼人力资源机构在软件应用和文本处理方面徘徊不前。在所有人力资源应用软件中，各地统一化的比率仅为 18%。索尼人力资源小组意识到，他们不仅仅需要通过技术方案来解决人力资源问题，还需要更有效地管理和降低人力资源服务成本，并以此提升人力资源职能的战略角色。基于此，索尼决定与怡安翰威特签订外包合同，转变人力资源职能。

怡安翰威特认为这意味着将对索尼的人力资源机构进行重大改革，其内容不限于采用新技术，还可以借此契机帮助索尼提高人力资源的质量、简化管理规程、改善服务质量并改变人力资源部门的工作日程，进而提高企业绩效。在这样的新型合作关系中，怡安翰威特提供人力资源技术管理方案和主机、人力资源用户门户并进行内容管理。这样，索尼可以为员工和经理提供查询所有的人力资源方案和服务内容提供方便。此外，怡安翰威特提供综合性的客户服务中心、数据管理支持及后台软件服务。索尼与怡安翰威特合作小组对转变人力资源部门的工作模式寄予厚望。员工和部门经理期望更迅速、简便地完成工作，而业务经理则期望降低成本和更加灵活地满足变动的经营需求。

此项目最大的节省点在于人力资源管理程序和政策的重新设计及标准化，并通过为员工和经理提供全天候的人力资源数量、决策支持和交易查询服务，使新系统极大提高效能。经理查询包括绩效评分和人员流动率在内的员工数据，并将之与先进的模式工具进行整合和分析。这些信息有助于经理制定更加缜密、及时的人员管理决策。经理可以借此契机提高人员及信息管理的质量，进而对企业经营产生巨大的推进作用。

项目启动后，索尼与怡安翰威特通力合作，通过广泛的调查和分析制订了经营方案，由此评估当前的环境并确定一致的、优质的人力资源服务方案对于索尼经营结果的影响。索尼实施外包方案之后，一些结果已经初见端倪。除整合、改善人力资源政策之外，这一变革项目还转变了索尼80%的工作内容，将各地的局域网、数据维护转换到人力资源门户网的系统上。数据接口数量减少了2/3。新型的汇报和分析能力将取代原有的、数以千计的专项报告。

放眼未来，到第2年，索尼的人力资源部门将节省15%左右的年度成本，而到第5年，节省幅度将高达40%左右。平均而言，5年期间的平均节省幅度可达25%左右。索尼现在已经充分认识到通过外包方式来开展人力资源工作的重要性，因为可以由此形成规模经济效应并降低成本。此外，人力资源外包管理将人力资源视为索尼公司网络文化的起点。人力资源门户将是实施索尼员工门户方案的首要因素之一。索尼也非常乐于看到通过先行改造人力资源管理提升自己的管理水平[54]。

5.2 基于大数据的人才市场信息服务

5.2.1 大数据人才市场信息分析的特点

第一，数据的分散性。得到数据信息并不难，因为这些数据都是业务数据，但是进行人力资源数据分析需要的不仅仅是人力资源的业务数据。比如，要做人力资源效能分析，就需要公司经营方面的数据，才能计算劳动生产率、人工成本创利、人工成本创收等指标；如果要做薪酬公平性分析，就需要了解外部行业薪酬数据；如果要进行人员流动性分析，就需要知道行业或岗位流动率对标数据。这些数据可不是那么轻松就能得到的，因为它们分散在各个地方。不仅如此，即便是在部门内部，数据也是分散的。例如，招聘时应聘者的素质测评分数从哪里找，人工成本、工资总额、工资使用进度等数据从哪里得到，培训记录、绩效考核的数据又要从哪里取得，这些信息都不是同一个来源的。虽然有人力资源管理系统，但培训、招聘等系统是独立的，薪酬数据由于需要保密也只能由专人管理，所以部门内部的数据也是分散的。

第二，数据的相关性。人力资源数据分析的另一个特点是数据的相关性。相关性是指数据之间的关联性，这种相关性体现在业务数据内部相关、与经营数据相关、与外部数据相关等方面。比如，在人力资源的业务数据中，培训、薪酬、绩效数据都是基于员工关联的，是员工产生的数据，是相互联系的。人力资源数据也受到经营数据的影响，比如公司经营效益好时，员工的薪酬会提高，培训费用会增加，可能会多招聘员工；而经营效益不好时，员工薪酬、培训费用下降的可能性较大，还可能会裁员，这说明人力资源数据和经营数据也是有相关性的。

第三，非标准化数据。人力资源数据分析还有个特点，即人力资源数据缺乏统一标准，从统计指标、统计口径到计算公式都缺少统一的标准。虽然看起来，劳动生产率、人均创利、百元人工成本创利、百元人工成本创收等指标都是标准口径的数据，其实不然。这些指标并没有形成统一标准，其统计口径、计算方式在不同的企业或多或少有些差异。首先是统计指标没有标准。比如，分析人工成本投入和产出，既可以用百元人工成本创利、百元人工成本创收，也可以用劳动分配率、人事费用率、人工成本占总成本费用比等指标，具体用哪些指标需要企业自己选择，不同企业可能有不同算法。其次是统计口径没有标准。比如最常见的劳动生产率，有些企业的统计口径是以与公司签订了劳动合同的员工来计算，有些企业则会将派遣员工合并计算，还有些企业可能会将外包业务的员工也统计进来。人力资源的数据的确存在相关问题，统计指标不少，但选用哪些指标，用什么口径来统计，每个企业的做法可能都不同（蔡治，2016）[55]。

5.2.2 大数据人才分析预测蕴含着巨大价值

新的人力资源数据提升了大数据人力资源分析的价值。大数据人力资源从传统意义上说是基于人力资源成果指标收集数据，根据人力资源招聘、培训、绩效、薪酬和员工关系等模块的指标体系要求对数据进行收集、统计和监测。未来有三种数据将打破这一框架。第一种是行为数据：关于员工的行为和行为发生时环境的观察报告。第二种是过程数据：各个信息系统的用户操作日志以及操作轨迹。第三种是心理数据：员工的情绪心情、性格倾向、行为动机等分析观察和测评类数据。对这些数据用算法建模，可以挖掘事物潜在的关联性，在多种数据技术的探索过程中发现企业、组织、员工未曾意识到的新问题，据此设计人力资源解决方案、产品和服务。大数据人力资源平台还可以帮助企业做好宏观行为层面的战略决策并与公司盈利挂钩，这是传统人力资源基础数据无法实现的，是大数据人力资源分析的关键价值。

更开放、动态调整的大数据人力资源分析和预测指标。

传统的人力资源管理指标体系是先构建一级指标体系，再从一级指标体系中派生出二级指标，用于分析、监测和预警。大数据人力资源是先有数据后有指标，数据收集后，通过机器学习等方法形成分析指标。这样做的好处是，机器最大限度地挖掘了数据之间的关系，总结出很多靠人工意识不到的潜在的关系。分析指标被提取后，哪些指标可以运用到选、育、用、留、出的哪个环节，就将其纳入对应的一级指标中，未来这些指标可以直接用于预测。由于大数据人力资源指标体系是动态调整的，其为人力资源管理的不断变革创新提供了更多的可能性。

构建大数据人力资源复合型团队决胜商业人才竞赛。当今多个领域，如科研教学、企业管理、环境保护、工程技术、国土安全、生物医药等，都亟待大数据分析人才实现突破。根据全球著名的信息技术咨询公司IDC的研究，美国在2018年将有18万个深度分析岗位，是技术管理和数据解读相关技能岗位数量的5倍，大数据分析人才稀缺。大数据人力资源管理对大数据与人力资源复合型人才的要求越来越高，由于涉及计算机技术、数据算法、心理学原理、人力资源、信息管理等多方面的知识、经验和技术，大数据人力资源复合型人才供给与需求存在缺口的现实问题日益凸显。大数据技术应用普及后，每家公司都有成熟的大数据人力资源工具和算法，胜出的关键就在于大数据人力资源复合型团队的水平，只有发挥具有数据经验的专业人才的作用，才有可能在商业人才竞争中获胜。

大数据人力资源促使员工隐私保护受到关注。大数据人力资源平台每天都会收集大量的人员行为数据，对这些数据的挖掘可能会涉及员工的隐私。为了防止侵犯员工的隐私，首先，大数据分析过程要将大数据信息去身份化，宜聚合数据，进行整体趋势分析，不宜涉及对员工个人信息的分析。其次，将员工隐私协议化，可以事先与员工签订数据隐私协议，避免触碰员工的隐私底线。最后，从数据安全、用户权限、透明度三方面推动隐私合规，在权限范围内将数据红利同员工共享，这样既能减少大数据人力资源引发的员工争议，也可以使公司规避可能的法律风险。

总的来看，大数据时代的到来使得人力资源管理"基于数据、用数据说话"成为可能，人力资源价值计量管理成为提升人力资源管理效能的有效途径。人与组织之间、人与人之间的互联互通积累、集聚的巨量大数据为人力资源管理的程序化决策与非程序化决策提供了无穷的科学依据。人力资源管理可以更定制化、个性化地服务员工，基于数据辅助管理者决策，为组织打赢全球范围的人才攻防战提供动能（马海刚，彭剑锋，西楠，2017）[56]。

5.2.3 大数据下的人力资源部门与人力资源服务公司合作

利用大数据技术，为人才服务提供人才市场信息，并且分析供求等情况，更好地做到人才挖掘及人岗匹配，这一过程可以与人力资源相关机构相结合。人力资源相关机构可以与人力资源服务公司合作，为政府提供人才市场信息。

在新时代下，大数据所具有的能量得到了充分挖掘，引起了企业的广泛改革，对社会形成了极大影响。大数据时代的来临为企业的人力资源管理提供了全新的思维，促进企业人力资源不断完善。在新时代下，企业的竞争就是人才的竞争，做好企业人力资源管理工作是提高企业市场竞争力的重要因素。大数据带来的发展机遇与调整，正是了解大数据并对其价值进行良好应用，以及在激烈的市场竞争中企业生产和发展的重要方式（田永坡，2019）[53]。人力资源服务公司可以利用大数据技术对人才市场进行数据获取，并经过多方面分析，得出一些人才市场相关结论，如各方面人才竞争力、人才紧缺程度、供求关系等。若人力资源相关机构能够与其合作，获取数据与分析结果，并将其提供给政府，就可以使政府指导就业的实时动态。像佰职这样的大数据公司，不仅能抓取实习生的数据，也能抓取短时灵活用工的数据。如果相关机构能够把这些就业数据整理好提供给政府，政府就能清楚该城市的就业究竟有没有问题。基于大数据的实时岗位监测和技术处理如图 5-1 和图 5-2 所示。

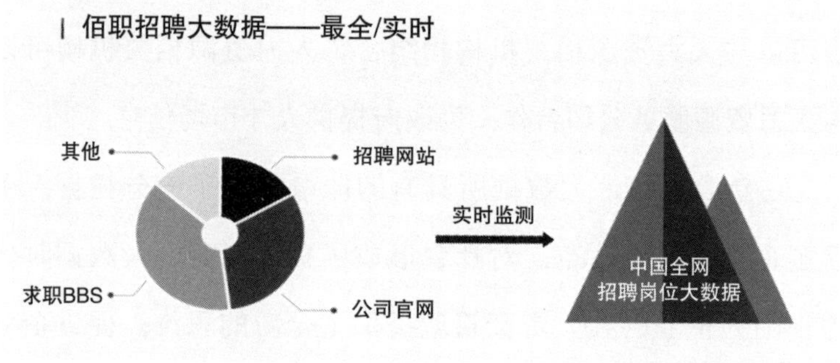

图 5-1 招聘岗位实时大数据

资料来源：佰职科技研究院.

图 5-3 是 2017 届本科毕业生人数与市场需求的对比图。比如，土木工程有 10 万毕业生，但是只有不到 2 万个岗位需求，这个差距非常大。而机械工程有 4 万个岗位需求，却只有 2.1 万左右的毕业生。这些信息，也是通过大数据技术实现的，能较好反映人才市场的招聘状况信息。

数据技术原理

图 5-2　招聘数据处理技术原理

资料来源：佰职科技研究院．

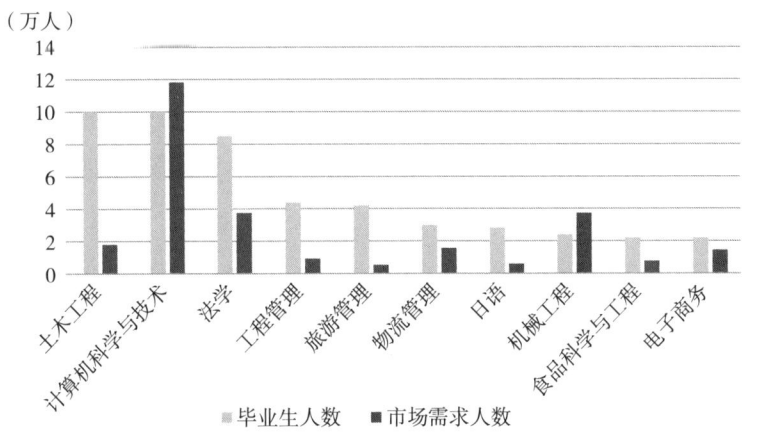

图 5-3　2017 届本科毕业生人数与市场需求对比（部分专业）

资料来源：佰职科技研究院．

5.2.4 IBM 的"智能+"时代——大数据人力资源信息运用[57]

IBM 利用大数据以及 AI 预测离职率。IBM 首席执行官弗吉尼亚·罗曼提在纽约举办的 CNBC "劳动人才+HR"峰会上表示，IBM 每天收到 8 000 多份简历，是求职网站 Glassdoor 上收到 Z 世代年轻人求职申请最多的公司。但这并不是这家拥有大约 35 万名员工的科技巨头知道目前哪些员工正在寻找新职位的唯一途径。

像 IBM 这种规模的企业在全世界范围内并不多，大多数企业可能不会收到这么大量的简历，但这只是一个线性的量的大小，是 35 万名员工、35 000 名员工，还是 3 500 名或 350 名员工，这不是关键问题。罗曼提表示，IBM 的 AI 技术现在对计划离职的员工的预测准确率高达 95%。IBM 的 HR 部门拥有其"预测减员计划"的专利，该项目是与 Watson 共同开发的，用于预测员工的离职风险，并为管理人员聘用员工制定相应的措施。但罗曼提不愿解释 AI 如此有效地识别即将跳槽的员工的"秘诀"是什么，只是说该技术的成功来自对许多数据点的分析。这里面令人震惊的是，IBM 的 AI 技术对员工的离职准确度预测达到了 95%。通常，如果预测的准确率能够超过 50%，就可以认为是奇迹了。95% 这个数值足以说明 IBM 在利用大数据和 AI 技术方面有多么成熟，也可见大数据和 AI 在人力资源的人才市场信息服务中能够起到多么惊人的作用。

可见，IBM 显然有一套基于大数据的 AI 技术。那么 HR 应该如何面对 AI 和大数据？我们已经进入人工智能和大数据时代，2019 年的政府工作报告首次提出了"智能 +"概念。从"互联网 +"到"智能 +"，我们能够看出国家对于人工智能、大数据互联网、工业互联网的关注已经越来越深入。这对于人力资源从业者来说是一个非常大的机遇，同时也是一个很大的挑战。对员工的 AI 分析是 IBM 计划销售的一套产品的一部分，这些产品将颠覆传统的人力资源管理方法。

在"智能 +"时代，人力资源升级换代的方式、方法与以前的时代一定有着极大的不同。已有研究发现，AI 短期内会对电商的就业带来一定的消极影响；但从长远来看，AI 会带来电商行业整体经济效益的增长，为整个行业带来更多的就业机会（吴清军，陈轩，王非，等，2019）[58]。罗曼提表示，传统的人力资源模型需要彻底改革，这是人类需要 AI 来帮助改进工作的领域之一。我们无从知晓 IBM 具体用了什么算法，然而它所用的指标都是人力资源部门日常工作中耳熟能详的，只是用了更高级的 AI 工具，能够计算我们人类所计算不了的维度和复杂度，从而实现了高准确率的预测[57]。

5.3 基于大数据的高效人才配置服务

5.3.1 大数据人才配置优于传统人才配置之处

在大数据的浪潮下，人才测评可以说是迈上了一个更高的台阶，成为能够充分利用大数据形成新优势的领域。所谓测评，指的是"通过一系列科学的手段和方法对人的基本素质及其绩效进行测量和评定的活动"，测评的目标是无限接近人的真实内核。传统的人才测评方法包含履历分析、心理量表、行为面试、公文筐测验、评价中心等，这些方法比较固定化，也可以说一定程度上是片面的，但是受到科技条件的限制，这些传统方法在人力资源领域使用了多年。随着网络的普及，个体将更多的工作和生活行为附着于网络之上，个体在网络上的行为轨迹就构成了一个动态的不断增长的新的数据集合，这个数据集合随时间而变化，更客观、更全面。所以在某种意义上，有效运用大数据一定会提高现有的测评效度。

同时，若要进行高效的人才配置，需要做好员工的需求预测、能力预测等预测分析。传统的员工年度需求预测等多采用自下而上的方法，由下属单位上报需求汇总而成；或者用经验法进行预测。这些方法存在预测精度不高、误差较大等问题。如果能够利用大数据技术，在收集与用工需求相关历史数据的基础上，建立回归模型，比较准确地预测公司下一年度的员工需求，即可克服很多传统预测中存在的问题（蔡治，2016）[55]。

企业在选择优秀人才时，需要对员工的综合能力进行评估，以区分优劣。但在实际评估时，往往带有较强的主观因素，容易出现误差，导致误选、漏选，不能选拔出真正优秀的人才。运用大数据技术，将反映员工综合能力的各种评价指标进行量化，通过量化评估来选拔优秀人才，可以达到更加准确的效果，从而提高人才配置的效率。

5.3.2 当人才招聘遇上大数据应用

企业选人是构建高效工作系统的第一步，而招聘选拔模块也是使用测评技术最广泛和最深入的管理领域，大数据首先对传统招聘模式进行了迅猛而快速的变革。因此，我们归纳了目前招聘中运用大数据比较成功的四类做法：

第一，大数据算法简化简历推荐。传统企业 HR 在进行招聘时，光是搜索或寻找合适简历就要花费大量时间，也会遇到因简历筛选量过大导致招聘效率和匹配精确度降低等问题。而当下人才招聘已经不再是机械化操作，大数据算法和人工智能技术可以通过持续的机器学习来获得雇主的用人偏好及候选人的求职偏好，然后将来自外部网络的最新候选人资料与企业要求进行双向智能匹配，快速进行智能推荐，直接提高了 HR 招聘效率及候选人面试概率。此外，简历智能的除重功能可以帮助企业大幅节省猎头费，降低招聘成本，在简历筛选环节实现充分的智能化。

第二，动态匹配整合招聘渠道。候选人匹配率与多渠道重复率是 HR 招聘工作中的长期痛点，大数据算法能将企业自有简历库、人脉简历、自投简历、猎头简历等不同渠道的信息实现去重整合，并集成国内数十个主流招聘渠道进行一站式的职位和简历管理，同时对简历进行高精度解析，使得不同渠道、格式的简历一站式浏览呈现，同时还可以进行简历预筛选、黑名单过滤、简历判重、简历标签、自动打分等，帮助招聘人员自动筛选和甄别人员，节省筛选时间，并且可以连通外网信息对企业简历库进行实时更新，从而极大提高了 HR 工作效率，节约了招聘成本。

第三，智能化人力资源管理流程。面对企业快速发展和转型升级，传统的招聘管理模式已经不能满足企业需求，人力资源的及时合理配置至关重要。基于大数据算法和人工智能技术搭建符合企业需求的招聘管理系统，能帮助企业一站式管理全渠道简历，将面试环节全流程打通，实现了通信渠道实时消息通知，大大提升了企业业务部门和HR职能部门在不同地区间的互动与协作，以及HR与候选人直接沟通的效率。

第四，聚焦化人才决策过程。大数据的智能化应用不仅提高了招聘效率，也为人力资源工作中的人才决策提供了重要价值。对人力资源管理中内外部数据、行为数据的学习，帮助形成对企业用人偏好、岗位素质模型的判断，为HR提供优质候选人；同时，基于对全网海量数据的分析，大数据还能为企业提供全行业人才市场状况分析，实时更新行业动态，并结合行业趋势、员工行为等信息对员工离职意向进行预测判断，为人力资源部门提供更客观的人才架构决策参考（李育辉，唐子玉，金盼婷，等，2019）[9]。

5.3.3 大数据能够大大提高人才配置效率

大数据技术可以将招聘信息与空缺岗位相匹配，实现高效人才配置。大数据技术对招聘网站上的简历信息进行筛选、分类，并结合新实践等其他细节，利用精密的算法，实现系统将简历与企业空缺岗迅速匹配，从而减少人力成本，最终大大提高人才配置的效率。未来，在人力资源领域一定可以做到类似的配置服务，"所需即所得"。比如，我们可以研究招聘网站上的简历更新时间，全网几千万份简历可以让HR判断出一个人的简历更新行为和找工作之间的关系。如果算法很精准，HR就能给这个人提供工作机会，给公司的空缺岗位提前准备好候选人。

有些企业已经将大数据很好地运用于人才配置，并实现了提高配置效率的良好效果，"睿聘"就是一个很好的例子。科锐国际的"睿聘"业务处于实时配置服务的早期阶段。它可以把岗位需求和简历进行匹配，这样HR就不需要查看所有的简历，系统能自动匹配，并告诉HR哪份简历的匹配度最高。

5.4 基于移动互联网的工作任务匹配服务

5.4.1 以大化小——充分利用互联网资源

基于移动互联网的工作任务匹配服务，就是利用互联网技术，将一项较大的工作任务细分为诸多较小的工作任务，并与人员进行更高程度的匹配，从而充分利用人力资源。企业若利用互联网技术，将较大任务细分为较小任务，再进行人员匹配，将在很大程度上提高人才配置的效率，提高对不同人才不同能力的利用率。

传统上，人力资源在进行任务匹配的时候，不管是在工作任务还是在人才的能力方面，都没有进行细分，只是尽可能地进行匹配，而且由于双方都不够精细，匹配难度与主观性也随之增加。企业若能够利用互联网技术和人工智能技术等，将工作任务细分，同时将人才的能力也细分，在进行匹配时，就会非常轻松。同时，不同人才的多种能力也能够得到充分的利用，在提高匹配效率的同时提高人才的利用率，可以说一举两得。

5.4.2 "土耳其机器人"的任务匹配[59]

亚马逊旗下有一家人力资源服务公司叫"土耳其机器人"。Human Artificial Intelligence，即"人工的人工智能"，意思是人工智能无法做的事情最终还是由人来做。土耳其机器人的第一步是"发现一项有趣的工作任务"，如图 5-4 所示。其工作任务的颗粒度是非常小的，很多时候报酬只有几美分。

图 5-4 亚马逊土耳其机器人流程

亚马逊土耳其机器人（Amazon Mechanical Turk）是一种众包网络集市，能使计算机程序员调用人类智能来执行目前计算机尚不能完成的任务。其代表的重要理念——一切与亚马逊老总杰夫·贝佐斯有关的事情都蕴含着重要理念——是将电脑无法完成的无数琐碎的脑力工作自动化。亚马逊土耳其机器人是一个 Web 服务应用程序接口（API），开发商通过它可以将人类智能整合到远程过程调用（RPC）。亚马逊土耳其机器人利用人的网络来执行不适合计算机执行的任务。亚马逊调用那些计算机很难完成但"人工的人工智能"却能很容易完成的任务。执行人工智能任务（HIT）的人可能会被要求写产品描述，对移动语音搜索查询做出回应，或者选择某一主题的最佳照片，等等。下面是它的工作过程：当用户提出一个请求，应用程序就会将这一请求发送到执行任务的人。人就会对此做出回应，然后服务器将回应传给请求者。执行人工智能任务的人的工资是按成功完成的人工智能任务来计算的。亚马逊通过收取成功完成请求者人工智能任务的 10% 的价格来获利。

土耳其机器人（Mechanical Turk）这个名字是从 18 世纪的一个国际象棋游戏机器人得来的，这个机器人在欧洲与名人比赛下象棋，其中包括拿破仑和本·富兰克林。每场比赛之前，观众都可以检查土耳其机器人，以查看它的齿轮和杠杆。然而，和所有神奇的事物一样，土耳其机器人只是一种幻想。其实在机器人中有一个真人躲在一个秘密隔间中，是他在操纵机器人玩象棋。亚马逊选择土耳其机器人这个名字来命名它的网络服务，是因为人类的智慧隐藏在最终用户中，这样服务看起来就像是自动进行的[59]。

5.5 基于移动互联网的工作时间匹配服务

5.5.1 工作时间灵活化

现代企业的工作模式不再是传统的固定时间制，利用移动互联网，将工作时间缩短并灵活化是一个非常有利的选择。传统上，人们习惯的工作时间计量单位都是固定工作日。这种工作模式——工作时间 8 小时以及固定的上下班时间，可能不再是主流的工作时间配置模式。基于以小时乃至更小的时间长度为单位的工作交易模式，未来可能日益流行。即便是雇佣关系模式，也会有更加灵活的工作时间配置形式。基于更小时间单位的人力资源服务将会进一步渗透到人才市场的每一个角落。由于互联网技术的普及，许多工作可以利用互联网来完成。企业若能以任务为标准而非固定上班时间来评估员工的工作，将工作时间缩短并灵活化，将带来员工满意度的提高、工作效率与质量的提高、工作积极性的提高等多项益处。图5-5显示了工作时间配置形式的长尾图。

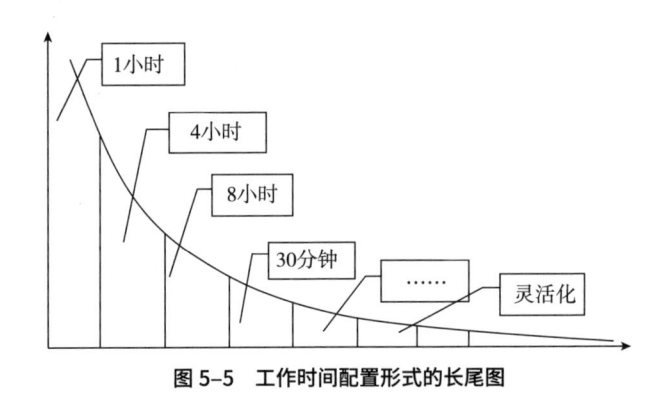

图5-5 工作时间配置形式的长尾图

5.5.2 弹性工作制优大于劣[60]

采用弹性工作制，员工可以享受很多好处与便利。最大的好处就是能满足员工工作与生活平衡的需要，员工能拥有更多的个人时间去满足家庭和生活的需求，个人幸福感不断上升。比如，在欧美一些企业普遍实行的弹性工作制中，员工每周还是工作 40 小时，但可以压缩到 4 天，也就是每天工作 10 小时，这样员工等于每周多了一天空闲时间。在这一天的选择上，不一定就是周五，有的企业给予员工更大的弹性，员工可以自由选择是周一、周二或周三。一旦员工有急事需要处理，不用请假，可以自行安排。有的公司规定，员工也可以按照自己的需求更加灵活地安排工作，比如某员工工作可通过互联网在其他地点远程办公，那么他可以在每周总的灵活工作时间规定范围内申请远程办公。这一政策收到了极好的效果。

弹性工作制会给员工个人的身心健康带来一定的益处。企业实行弹性工作制，允许员工远程办公，员工可以选择更加舒适的方式与环境完成工作，办公期间也可以适当休息，在这种情况下会感受到工作带来的身心愉悦，并没有被监督看管的紧张感，受到更少的约束，有更大的自由支配权，这对员工的身心健康无疑是有益处的。

弹性工作制受到了很多员工的欢迎，大大提高了员工满意度。对于员工来讲，弹性工作制的好处就是能增强自己对工作的控制感，自己来确定工作日程安排和工作计划，这样员工可以感受到更大的尊重，获得更多的自由。对于企业来讲，实行弹性工作制的企业，员工感受到了企业的信任，士气高昂，工作效率提高，迟到、早退、请假的现象不断减少。微软日本公司每周工作4天，并允许一定程度的远程办公。结果，员工的效率提高了40%，公司电费降低了25%，打印耗纸减少了将近60%。另外，实行弹性工作制还能提升企业的形象，对雇主品牌的建设有一定的积极意义。

然而，弹性工作制也存在劣势。对于员工来说，有些企业允许员工每周工作4天，每天工作10小时，这种工作方式下工作量和工作压力更大，需要员工付出更多的体力和脑力，可能会使员工感到疲惫。对于企业来说，不是所有企业或所有岗位都适合弹性工作制。比如生产流水线上的装配、部件组装等都是按照工艺路线顺序进行的，需要彼此的衔接、配合、协调，实行弹性的空间较小。如果企业只能对一部分工作实行弹性工作制，势必会让那些不能实行弹性工作的员工产生不公平感。另外，有些员工在缺少企业监督的情况下，是无法自觉完成工作的。

总的来说，弹性工作制的优势大于劣势。企业不能盲目实行弹性工作制，要根据自身的实际情况和需要，以及员工的特点去选择合适的工作制度，这才是理智的，而不应胡乱跟风[60]。

5.5.3 工作时间新探索：5 小时工作制 [61]

在澳大利亚，有一家公司实行一种新的人力资源管理制度，员工每天工作 5 小时，而且工资不变。这究竟是怎么回事？据悉，这是一家金融服务公司，名为 Collins SBA。该公司实行 8-2 工作制度，每个员工（从前台接待到高级管理人员）早上 8 点上班，下午 2 点，如果已经完成工作，就可离开，中间有 1 小时的休息时间。同时，如果未完成但可以通过互联网远程完成，那么可以于下午 2 点下班，回家再完成工作。通常情况下，如果下午 2 点之后仍有工作，员工也会留下，但工资保持不变。此外，接待处仍照常开放，客户服务依然被优先考虑。为了鼓励员工更有效率地工作，该公司减少了邮件数量，并将开会时间限制在 15 分钟内。另外，若员工在工作日有其他重要事宜，工作可以通过互联网远程完成，而且并不是非常紧急，则允许员工灵活安排工作时间。

这种想法最初由该公司的总经理乔纳森·艾略特（Jonathan Elliot）提出。当时他的妻子患了癌症，艾略特不得不将每周工作时间减少至 3 天以照顾妻子和年幼的孩子。尽管他的工作时间缩短了，但是艾略特发现他的工作量与之前每天 8 小时的工作量是相同的，因此他开始质疑朝九晚五的工作方式是否真的有必要。

经过大量调查研究之后，该公司决定冒一次险，于 2017 年开始对所有员工实行每天工作 5 小时的工作模式。当然，公司一开始还是小心翼翼，试运行了三个月。公司之所以如此谨慎，是因为特别在意客户对于公司这种非常规管理制度的看法。

公司实行这种模式之后，员工的工作效率明显提高，因为完成相同的工作量所用的工作时间缩短了，这意味着员工要找到更好的方式来完成工作；而且员工请假的比例下降了 12%。5 小时工作制似乎变成了一种激励方式，那些早离开办公室的员工更易被人们视为优秀员工，而这种更少的工作时间则变成了一项奖励。当然，这项制度不可能适合每家公司。比如餐馆、咖啡馆和零售店难以实行这样的模式，那些支付日薪的岗位显然也不适合这项制度[61]。

5.6 基于政府政策的社会保障服务

5.6.1 参保新方式——用工形态与参保充分结合

由于用工形态的多样化，统一参保已经不再现实。表 5-1 显示了用工形态与社保缴纳。灵活利用政府社保政策，实现不同用工形态与参保机制的充分结合是现代企业应该考虑的选择。企业可以充分研究政府社保政策，是否可以细分，是否有可以用于企业的新政策等，将用工形态、规范劳动关系与参保促进机制相匹配，实现不同用工形态与社保的连接。由此，第三方服务公司开始出现。政府政策是创造市场空间的重要来源，当然政府也是最大的购买服务的雇主之一。

表 5-1 用工形态与社保缴纳

用工形态	规范劳动关系	参保促进机制
全日制用工	经济组织与从业人员订立书面劳动合同；未订立书面劳动合同，但事实劳动关系成立的，应补订书面劳动合同	单位和个人按企业参保办法参加社会保险
非全日制用工	经济组织与从业人员订立书面用工协议	从业人员本人按灵活就业人员参保办法参加城镇职工基本养老保险和基本医疗保险。同时，经济组织应为其提供工伤保险
劳务派遣用工	经济组织与劳务派遣单位签订劳务派遣协议，约定派遣岗位和人数、派遣期限、社会保险、劳动报酬及支付方式等事项。劳务派遣单位应与被派遣人员订立书面劳动合同	劳务派遣单位和从业人员按企业参保办法参加社会保险
劳务外包用工	经济组织通过签订外包协议，将所属业务外包的，承揽该业务的单位（组织）应与从业人员订立书面劳动合同或用工协议	承揽单位和从业人员按企业参保办法参加社会保险
民事协议用工	经济组织依据《合同法》与从业人员签订民事协议，约定双方的责、权、利	从业人员按灵活就业人员参保办法参加城镇职工基本养老保险和基本医疗保险

5.6.2 某省人力资源社会保障大数据平台建设[62]

某省人力资源社会保障领域自2014年开始建设省级大集中系统，目前初步建成全省集中的人力资源数据库、社会保险数据库等全省人力资源社会保障数据库系统，逐步实现数据大集中。同时，人力资源社会保障业务系统、服务系统、外部数据交换系统也产生了大量数据，需要对这些数量巨大、来源分散、格式多样的数据进行采集、存储和关联分析。

该项目能够归集人力资源数据库、社会保险数据库、持卡人数据库、人才库、维权库、核心业务数据、省级服务数据、地市分布的资源数据、外部社会数据，形成物理集中、逻辑统一的人力资源社会保障大数据库，设计高效的人力资源社会保障大数据存储组织结构，提供人力资源社会保障大数据描述性分析、指导性分析、预测性分析以及人力资源社会保障业务精准管理支持、人力资源社会保障信息社会开放共享和信息安全管理等功能，增强人力资源社会保障整体数据分析、计算和服务能力。项目建设以省人社厅整体战略为原则，构建全省结构统一、集中部署、统一管理、分层维护的大数据平台。通过对大数据采集管理、存储管理、数据管理、分析、开放共享以及应用开发等内容的建设,实现对人社大数据平台的落地,并通过人力资源社会保障大数据平台为省人力资源社会保障提供多维度的数据服务支撑。

第六章

严审计约束

人力资本经营有赖于严格的审计控制风险。企业招了一个财务经理或人事总监，工作过程中老板发现此人不符合企业的预期，那么让这个人尽早退出对公司有利，对个人也有利。我们一直坚信，每个人都有自己的特长，他可能只是不大适合某公司某职位的工作而已。严审计约束倡导的管理理念就是凡管必审，一旦发现经营出现问题，就一定要尽早变现，减少损失。

6.1 审计约束：决策—执行—审计

6.1.1 审计约束的管理原则

组织的人力资本经营必须遵循审计约束原则：（1）管理金律：决策—执行—审计。（2）管理困境：强决策—弱执行—无审计。"强决策"，导致上级发下来的文件都看不完，是企业管理的现实问题；"弱执行"和"无审计"，更是企业管理一再犯错的问题。而且，审计可能既让执行者没有面子，也给执行者制造了新的任务。(3) 管理思维：决策、执行与审计思维不同，三者表现出内部和外部思维的差异。(4) 管理理念：凡事必审。(5) 管理实践：不进则退。

6.1.2 纳特利二维人力资源审计模型

纳特利纵览相关文献和审计框架，概括出六种类型的审计方法：系统审计、合规审计、绩效审计、用户满意度审计、增值审计和战略性贡献审计（Nutley, 2000）[63]。他还把这六种人力资源审计按照审计范围（仅仅是人力资源部门的行动还是广义人力资源管理）和审计对象（系统和/或绩效）两个维度加以归结和划分，如图 6-1 所示。

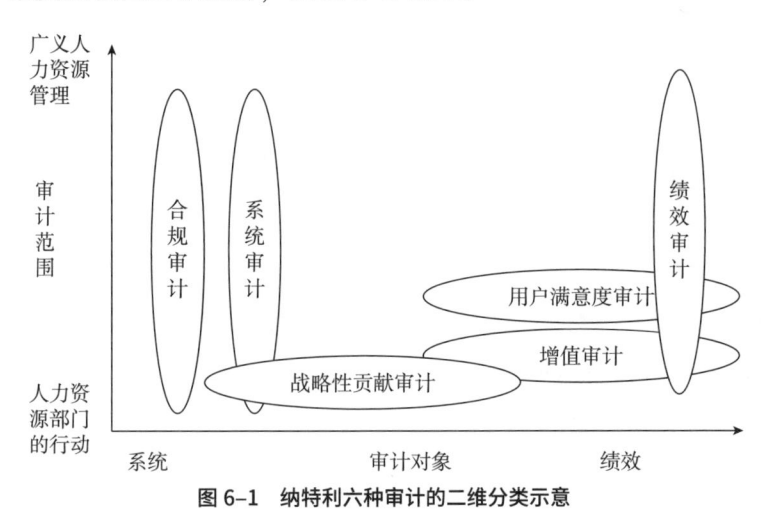

图 6-1 纳特利六种审计的二维分类示意

纳特利对这六种审计的操作方法概括如下：

（1）系统审计：将现有控制系统和反映最佳实践指导方针的模板进行对比。

（2）合规审计：组织实践内容对照人力资源政策和流程进行评估。

（3）绩效审计：运用一系列指标（如流动率、稳定指标、病假和缺勤率等）对人力资源体系的绩效回顾。

（4）用户满意度审计：直线经理对人力资源部门绩效的满意度评估。

（5）增值审计：通过人力资产会计和成本-收益分析等技术对人力资源部门增加的价值进行评估。

（6）战略性贡献审计：对人力资源是否被战略性地管理以及人力资源人员是否扮演战略性角色的考核。

关于这六种不同审计的主要特征及其优缺点有明确区分（杨伟国，2015）[64]。

6.1.3　SDW 模型

战略人力资源审计结构的 SDW 模型是由施温德、达斯与瓦格尔（Schwind, Das, Wagar, 2001）[65]共同提出的，如图 6-2 所示。这个模型将人力资源审计分成四个方面：公司战略审计、人力资源系统审计、管理规范审计、员工满意度审计。显而易见，与纳特利模型相比，SDW 模型并不具有结构的完整性和逻辑的严密性。除了一些细微的差别之外，SDW 模型中的四个组成部分实际上都包含在纳特利模型之中了。

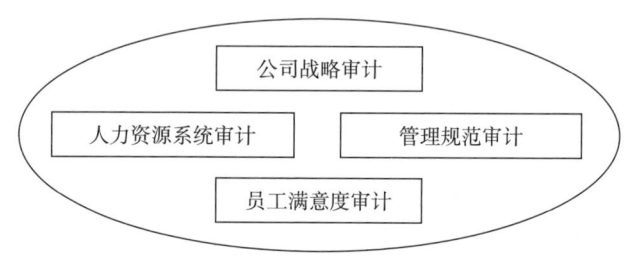

图 6-2　战略人力资源审计的 SDW 模型

公司战略审计的核心是审计人力资源战略、政策、实践与组织战略计划的契合性，审计组织战略与环境及使命的契合性。人力资源系统审计重在评估人力资源功能、系统、活动及其对组织、社会和员工目标的贡献度；确定责任人，决定每项活动的目标，评估这些活动如何支持并体现组织战略，评估政策与程序；采样记录并分析数据；准备并在报告中提出改进建议。管理规范审计的内容是评估经理人在多大程度上遵循人力资源政策与程序，以发现错误，保证及时纠正并满足未达到的要求。员工满意度审计是评估员工对工作相关事务的满意度以及人力资源管理实践与系统对员工的影响，如工资、福利、监督、绩效反馈、职业机会等，在预算及其他限制内解决资源供给（杨伟国，2015）[64]。

6.1.4　人力资源审计在美国迈阿密地区的实践

在美国迈阿密地区，涉及性别、国籍、信仰、种族、肤色、残疾和年龄的歧视案件数量惊人[66]。人力资源审计可以通过评价公司当前对雇佣法和各种法律法规的遵守程度、指出组织中的潜在问题等方式减少被起诉的机会，而且人力资源审计有望成为解决任何已发现问题的第一步。下面就是一个例子。

詹尼特·史密斯和帕蒂沙·哈维德同时申请了一家制造公司的一个管理职位，她们都填写了雇佣申请表而且都被邀请参加面试。依据禁止歧视少数族裔的《公平就业机会法案》，该公司对两个人进行了法律准许的面试技术的培训。虽然两位女性拥有相似的工作经验，但是这家公司却把机会给了史密斯，因为从面试来看，她更适合该公司的文化。

当哈维德断定该公司对她的族裔（西班牙裔）存在歧视并起诉该公司时，该公司感到费解。公司的面试者确信她的族裔问题从来就不是一个讨论的话题，此前他们根本就没意识到她的族裔问题。但是，公司使用了近20年在雇佣管理人员时很少被参考的雇佣申请表却要求申请人填写族裔。因为两名女性的工作经验几乎完全相同，其中一个候选人仅仅是因为似乎更适合公司文化才被雇佣的，所以，该公司很快就输了官司。

当公司注意到公平就业机会时，一个完整的人力资源审计或许可以为它节省时间和成本，减少麻烦。一个基本的人力资源审计可通过分析组织的结构、政策和实践、表格、文件以及记录实践的档案资料以确信它遵守了各种雇佣法令。

下面是该地区企业为了加强对各种法令的遵守、减少企业在雇佣方面的责任而应采取的措施：

（1）在《公平劳动标准法案》下，从豁免加班和非豁免加班的角度分析雇员的种类；

（2）确保向非豁免加班的雇员支付了合适的加班费；

（3）审查惩罚政策并确信执行了该惩罚政策；

（4）检查工作申请表和招聘广告，确保没有提出《公平就业机会法案》不允许的问题；

（5）根据适用法令的要求保存人事资料；

（6）以保密的方式保存雇员的健康档案；

（7）开发或购买人事政策和程序手册。

人力资源专家或律师都可以有效地完成人力资源审计。

6.2 人力资源审计：一个定义

6.2.1 管理审计

对管理审计的界定随着实践和理论的发展而日益完善，其代表性的定义是威廉·伦纳德和贾那斯·桑托基提出的。前者来自业界，后者则来自学界。1962年，管理咨询师伦纳德给"管理审计"下了一个基本的定义：管理审计是对公司、公共机构或政府机构及其处室的组织机构、计划、目标、经营方式及人力和物力的利用情况所进行的综合性和建设性检查。管理审计的目标是揭示受审项目存在的缺陷。

6.2.2 人力资源审计的发展脉络

人力资源审计是按照特定的基准，采用综合性的研究分析方法与技术，对组织的人力资源管理系统（战略、功能、规则、行动、基础结构、人力资本）进行全面检查、分析与评估，为改进人力资源管理功能与技术而明确问题以及问题产生的机理，提供解决问题的方向与思路，从而为组织战略目标的实现提供科学支撑。

多伦和舒尔乐把人力资源审计界定为评估人力资源效率

的最简单、最直接的方法。这是对一个企业的所有人力资源政策与规划的系统的、规范的评价。它可以把重点放在不同的问题上：（1）人力资源部门如何提高其运行能力；（2）人力资源部门目前的目标及战略如何支持企业的目标与战略；（3）人力资源部门如何实施各种人力资源管理功能，诸如配置、绩效评价、处理不满情绪；等等。简而言之，人力资源审计是对所提供的人力资源记录进行考察，从而确定关键的政策与程序是否到位。类似于财务审计，人力资源审计依赖于现存的记录，诸如人力资源预算和分配、不满、培训与发展项目的类型与数量以及绩效评价记录。因而，审计可以全面地包括一切项目，也可以选择性地针对某些项目。

与米尔科维奇和布德罗及多伦和舒尔乐更强调过程不同，德斯勒强调的是结果。德斯勒认为，对于任何一家企业来说，人力资源审计都是一项最基本的工作，这项工作的目的是使企业的高层管理者认识到本企业人力资源管理工作的效果如何。人力资源审计通常包括两部分内容，即考察企业的人力资源管理应当是什么样的以及它们实际上做得如何。"应当是什么样的"是指人力资源部门在广义上的目标，它表明了人力资源管理是从一种什么样的哲学或基本观点出发的，描述了人力资源部门的使命，确定了人力资源管理的基调。"它们实际上做得如何"是指对实际人力资源管理状况的认识。

欧拉拉和卡斯蒂罗于2002年专门就人力资源审计的定义和内涵发表了一篇论文。论文认为，直到职能审计出现后，审计才变得越来越具体。职能审计的目的是在公司的各职能领域内部进行诊断、分析、控制并提出建议。人力资源审计是职能审计的一种。因此，人们首先想到的一种定义方法就是：人力资源审计就是在人力资源管理领域进行诊断、分析、评估以及对未来人事活动的评价。人力资源审计是公司管理的一种基本工具，其目的不仅包括控制和量化结果，而且包括为确定公司未来人力资源管理活动而进行的广泛审核。因此，人力资源审计必须履行两个基本职能：第一，为了促进管理过程或人力资源的发展，人力资源审计必须是一个管理信息系统，该信息系统的反馈提供了有关环境的信息；第二，人力资源审计必须是一种对现行政策和程序进行控制和评价的方法。

与现行的人力资源管理诊断评价相比，战略人力资源审计有四个显著性质，即关注问题、关注方法、关注基准、关注机理。这四个性质保证了战略人力资源审计作为新兴学科的地位及其在人力资源管理实践中的关键地位（杨伟国，2015）[64]。

6.3 人力资源审计：五大要素

6.3.1 FRAIP 模型

人力资源审计的五大要素包括人力资源战略与功能（Function）、运行规则（Rule）、运行安排（Action）、运行的基础结构（Infrastructure）、运行主体——人或人力资本（People）。基于对以纳特利二维模型和 SDW 模型为代表的既有研究成果的分析，特别是通过我们对人力资源管理实践与管理咨询经验的抽象化，提出了 FRAIP 模型，试图比较好地涵盖前两个代表性模型的内涵，并使它们所缺失的部分得到体现，以完整地反映战略人力资源审计的逻辑结构。FRAIP 模型也可以称为战略人力资源审计大厦，它由五个部分构成：审计大厦的屋顶为战略人力资源功能审计（SHRFA）；大厦的两个支柱分别为战略人力资源规则审计（SHRRA）与战略人力资源行动审计（SHRAA）；战略人力资源基础结构审计（SHRIA）是审计大厦的基础；而战略人力资本审计（SHRPA）构成大厦的核心部分，因为人是能动的战略性资源。FRAIP 模型如图 6-3 所示。我们所发展的战略人力资源审计的 FRAIP 模型突破了目前这个学科的散点式结构而迈向了系统阶段。

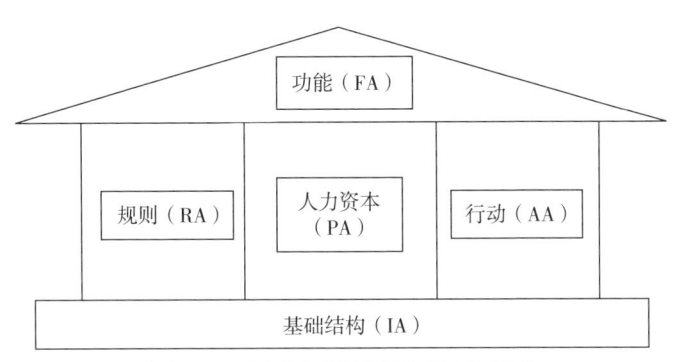

图 6-3 战略人力资源审计的 FRAIP 模型

（房屋结构图：屋顶为"功能（FA）"，三根柱子分别为"规则（RA）"、"人力资本（PA）"、"行动（AA）"，底座为"基础结构（IA）"）

（1）战略人力资源功能审计（SHRFA）。战略人力资源功能审计的核心使命是确定人力资源管理功能能否在战略上支撑组织战略，或与行业的"最佳实践"相比，组织的人力资源功能的差距所在。它所包含的内容有：人力资源战略审计、人力资源系统审计、人力资源技术审计与人力资源绩效审计。这与 SDW 模型中的"公司战略审计"基本一致，但是，战略人力资源功能审计还包括人力资源管理内部以及与组织其他功能的上下左右的整合与兼容。此外，战略人力资源功能审计非常关注人力资源技术审计，因为技术是功能的最基础单位。最后，人力资源绩效是人力资源管理的最终目标。

（2）战略人力资源规则审计（SHRRA）。规则是为了实现组织的人力资源功能而为具体的人力资源管理活动实施确定行动准则，具有相对的稳定性，所有的人力资源行动必须在规则的框架下进行。战略人力资源规则分为外部规则（法律）与内部规则（制度与流程）。内部规则中，制度是实体性规则，而流程是程序性规则。战略人力资源规则审计的核心内容是人力资源法律审计、人力资源制度审计与人力资源流程审计。

（3）战略人力资源行动审计（SHRAA）。行动是实现人力资源功能价值的全部过程，即所有的功能最终都必须通过具体的管理行动才能实现。整个战略人力资源行动包括三个方面：行动的开始（人力资源计划）、行动的过程（人力资源项目）和行动的运行（人力资源事务）。因此，战略人力资源行动审计包括人力资源计划审计、人力资源项目审计与人力资源事务审计。在对人力资源项目与人力资源事务进行审计时，既关心其行为，也关心其结果，即关心项目与事务的绩效，但不是整个人力资源管理的绩效。

（4）战略人力资源基础结构审计（SHRIA）。人力资源基础结构是组织人力资源管理运行的平台。战略人力资源基础结构审计包括人力资源治理审计、组织结构审计、职位结构审计与人力资源信息系统审计等。其中，人力资源治理审计从公司治理层面探讨人力资源问题,涉及董事会、人力资源委员会及管理层激励等问题。

(5)战略人力资本审计(SHRPA)。人力资本是组织人力资源功能价值实现的最终决定因素。人力资本的基本内涵包括员工的人口统计学与社会经济特征、员工的各类流动、员工为企业创造的价值以及从企业获得的收益、员工对企业的心理评价等。因此,战略人力资本审计的内容包括人力资本结构审计、人力资本流动审计、人力资本价值与收益审计、人力资本倾向审计。

施温德、达斯与瓦格尔对战略人力资源审计的价值进行了详细的归纳:保持人力资源与组织战略目标的一致;为人力资源的贡献提供特定的、可证实的数据;改进人力资源的专业形象;鼓励更高的专业化;澄清人力资源与直线部门的职责权限;激励政策与实践的一致性;发现关键性的人力资源问题;及时遵从法律要求;帮助评估与改进人力资源信息系统等。显然,如果我们能够发展一个模型将这些价值包容进去,并能够进一步深化对战略人力资源审计的理解,那么这个框架就不仅具有理论上的创新意义,而且在管理实践中也具有实际的指导意义。为能够清晰地表明战略人力资源审计的价值,我们对FRAIP模型进行扩展:在人力资源审计大厦的屋顶上再增加组织战略和人力资源战略。扩展的 FRAIP 模型（也称"天坛模型"）使得战略人力资源审计的战略价值与管理价值体现得更为清晰明了，如图 6-4 所示（杨伟国，2015）[64]。

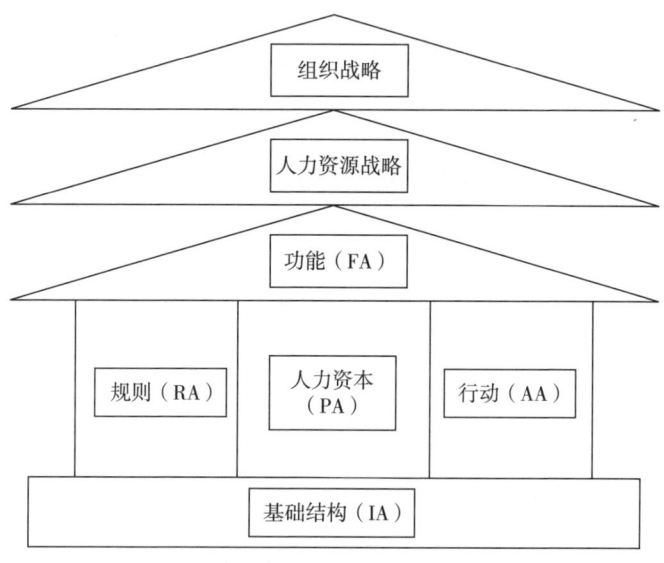

图 6-4 扩展的 FRAIP 模型（"天坛模型"）

6.3.2 FRAIP 模型在国家电网公司的实践 [67]

国家电网公司为实现建设"人才高地"的目标，结合建设"一强三优"现代公司的战略要求，运用 FRAIP 模型，把人力资源审计作为一项重要的审计内容，以期客观真实地反映电力企业在人力资源管理方面的现状和存在的问题，促进电力企业打造一流的职工队伍，实现电力企业人力资源的合理配置。FRAIP 模型在国家电网的具体应用，表现在以下几个方面：

（1）国家电网人力资源功能审计。

国家电网在人力资源功能审计中，根据公司的人力资源规划目标，查看被审电力企业是否符合人力资源规划的目标，是否从本企业的实际情况出发，制定长远的人才发展战略和人才培养规划。

（2）国家电网人力资源规则审计。

人力资源规则审计分为内部规则审计和外部规则审计两个方面。内部规则指国家电网和地方电力企业制定的各项人力资源管理规章制度。外部规则包括国家和地方政府对电力企业出台的各种政策、社保缴纳、公积金管理模式等。国家电网在人力资源规则审计方面，开展"两手抓"审计模式。一手抓内部规则，运用国家电网规则制度查询系统查询国家电网相关制度和地方电力企业的各项规章制度；一手抓外部规则，结合国家和地方政府的法律、法规和标准，对电力企业薪酬、社保、培训、干部管理和绩效等管理情况开展人力资源合规性审计。

(3) 国家电网人力资源行动审计。

国家电网在人力资源行动审计中的重点是查看电力企业的薪酬、福利和培训计划的制订、实施和执行情况。是否按上级公司下达的计划实施；在实施过程中是否有超计划使用的情况，是否有计划外项目未经审批直接实施的情况；是否按要求完成计划，对于未完成计划的情况，核查其原因、梳理审计问题，并提出审计整改建议。核对计划中各项目的名称和计划费用，通过国家电网相关财务等信息系统查核具体项目资金的使用情况。重点关注是否存在超计划使用；是否有不相关项目占用资金；是否符合国家的相关要求，确保员工社保和福利费用发放和缴纳；是否根据员工的岗级及绩效发放薪酬等。

(4) 国家电网人力资源基础结构审计。

人力资源基础结构审计的关注重点为国家电网人力资源管理运行的企业资源计划（Enterprise Resource Planning, ERP）集中部署平台。根据国家电网和地方电力企业对被审单位的组织机构、岗位设置、干部职数和定员、定岗及定编设置的批复文件，在集中部署平台上，进行被审单位组织结构审计、职员职数审计以及国家电网 ERP 员工信息系统审计等。

(5) 国家电网人力资本审计。

国家电网人力资本审计是核心部分。在人力资本审计中的关注重点是人岗匹配，即被审单位对员工是否合理配置，是否对部门员工进行了优化组合。人力资源管理部门应根据公司各部门的不同需求和员工的专业理论知识及专业技能水平、文化素养、综合素质等各方面的能力合理配置，充分发挥员工的作用，努力做到人岗匹配。重点审查被审单位是否建立绩效考核管理体系，是否制定绩效考核管理办法，对员工的年度绩效考核是否执行并根据年度绩效考核结果兑现薪酬；是否建立员工奖惩机制，对员工进行正向激励；是否有完善的员工职业晋升通道，在干部晋升方面是否有规范的干部选拔流程，是否建立干部评选的标准，是否建立后备干部梯队；查核国家电网和地方电力企业年初下达给被审单位的各项指标的完成情况，查核未完成指标的原因，从中查找疑点并进行分析；查核员工的考勤情况，人员招聘、流失情况，法律纠纷、诉讼案件等情况，从中发现问题并提出审计整改意见（杨颖，2019）[67]。

6.4 人力资源审计：五大基准

人力资源审计的五大基准回答怎么审的问题，源自 TROHM 模型：

（1）理论基准（Theory）。人们为什么要上大学？因为大学的学习能帮助人们建立事物之间的稳定关系，也就是掌握一些理论。工作之后，我们大概能根据已知的理论判断工作是否合理。比如在薪酬理论中提到，随着薪酬水平的上升，员工满意度会上升、工作积极性会上升。但是在实际工作中我们可能发现，有些情况下，即使薪酬水平比较低，员工的工作积极性也很高。那我们就要去思考是否出现了一些例外情况，导致实际情况和预期不符。

（2）规制基准（Regulation）。规制就是底线思维，它比法律更宽泛。在我国，企业人力资源制度与活动都必须满足法律规制的要求，还必须满足政策的要求。

（3）目标基准（Objective）。在人力资源领域中，企业经常会遇到这样的问题：本企业今年的人员流动率为10%，人员流失非常严重。但是10%可能并不必然意味着人员流失严重，这主要取决于选择的目标基准。如果10%代表人员流失非常严重，那这家企业在年初设定的目标可能是2%。所以在下判断的时候，一定要有参照系。

（4）历史基准（History）。企业也可以和历史比较，比如：2019年公司人员流动率为10%，创五年来的历史新高。这样下结论的方式就是对的。

（5）市场基准（Market）。最重要的就是市场基准，比如：竞争对手的人员流动率为30%，而我们公司的人员流动率为10%。仅靠人员流动带来的成本投入，我们就能在竞争中略胜一筹。

把人员流动率高的原因归结到人力资源部门是对管理最大的误解。员工选择到一家公司工作可能是因为公司的品牌，离开一家公司可能是因为直接上司不服众。当然也不能说人力资源部门没有责任，比如人力资源部为什么要让这样的上司担任领导职位呢？最后总结一下，没有基准、没有参照系，就谈不上什么问题，也谈不上什么成绩。

6.4.1 理论基准

理论基准是最基本的管理基准，集专业逻辑性与技术适用性（理论一般性）为一体。实践需以理论为基础，寻找正确的理论指导是做好人力资源审计进而做出正确人力资源战略决策的重要前提。比如，研究发现"胡萝卜+大棒"最具激励效果：单纯的报酬（激励）是相对无效的；惩罚通过消除极端自私的行为而改进合作。报酬与惩罚的组合具有强大的效果。管理学有一个特殊的情况是"管理二分之谜"，即学术界研究的东西，实践界并不感兴趣。

6.4.2 规制基准

规制基准是法律、政策对于人力资源管理各个领域所确定的最低要求。这与财务会计人员做财务报表必须遵循会计准则的规定是一个道理。人力资源审计也需要在一定的制度政策约束下进行，所有从事人力资源审计的人员都需要遵守这些硬性制度规定，这是做这项工作的基础与底线。在政府工作报告中，已明确了不允许性别歧视、年龄歧视等等。图 6-5 所示的招聘广告中的下划线部分明显触犯了"政策底线"。

甄选：身高
应届毕业生招聘网 – ××× 投资有限公司招聘 – 董事长秘书
6 天前 – 职位名称：董事长秘书　　招聘人数：1　工作地点：安徽省合肥市政务区
工作性质：全职　工作年限：不限　<u>年龄：20~24 岁</u>　<u>性别：女</u>　<u>身高：163cm</u>
<u>体重：不限</u>　视力：不限

图 6-5　某公司招聘广告

6.4.3 目标基准

目标基准是指实际结果是否实现了公司的战略目标。企业的人力资源战略根据企业整体战略制定，人力资源管理目标也根据企业总目标而制定。也就是说，界定人力资源是否达到了目标，评价人力资源是否做得好，需要结合金字塔顶端企业整体层面的战略目标。目标基准是人力资源审计过程中需要时刻关注的方面。在方法工具上，雷达图在素质模型中比较常见。图 6-6 是我们给一家期货公司做的素质模型和测评结果。这些素质要求至少有十项，但没有一个人能完全满足这么多项要求。实际上，按照这样的素质模型招到的人，可能无法胜任工作。因为此人可能不具备工作最需要的素质。所以，把工作职责和任职资格减少 1/3，招聘难度会大大降低，人岗匹配度会大大提高。

6.4.4 历史基准

历史基准指的是一个组织的人力资源在不同历史时期的比较，反映了动态趋势。一个企业的战略、目标、制度等需要根据企业所处不同时期与阶段做出相应的调整。在企业生命周期理论中，用发展、成长、成熟、衰退四个阶段来描述

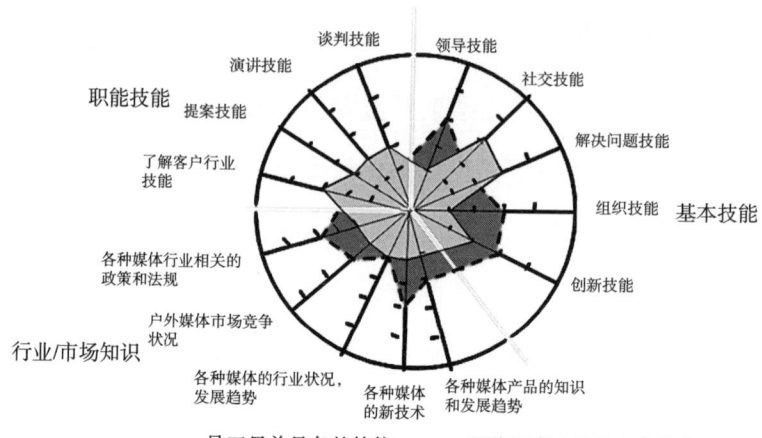

职能技能
- 演讲技能
- 谈判技能
- 领导技能
- 提案技能
- 社交技能
- 了解客户行业技能
- 解决问题技能
- 组织技能
- 各种媒体行业相关的政策和法规
- 创新技能
- 户外媒体市场竞争状况
- 各种媒体的行业状况、发展趋势
- 各种媒体的新技术
- 各种媒体产品的知识和发展趋势

基本技能

行业/市场知识

—— 员工目前具备的技能   --- 职位要求应该具备的技能

图 6-6 员工具备的技能和职位要求的技能的对比图

企业发展与成长的动态轨迹。企业生命周期理论的研究目的就在于帮助企业明确其发展阶段与特点，找到一个相对较优的模式来保持其发展能力。企业应当将其从建立以来的各个阶段总结串联，在对比中梳理人力资源发展脉络，从中发现人力资源管理中存在的长期矛盾、短期问题、优势劣势、人才竞争力等，并对未来发展加以预测。这是一种科学而必要的人力资源审计方法，有助于企业分析其历史问题，明确其人力资源当前状况，并结合科学的理论推断自身未来的发展趋势，及时调整人力资源战略。其中，应当注意与企业整体战略相结合，并结合自身实力，从实际出发，实事求是。图 6-7 显示了某公司历年员工人数的统计变化。

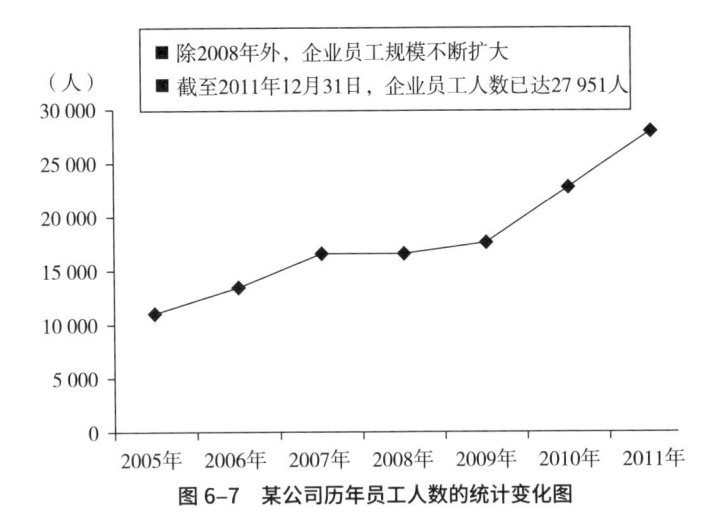

图 6-7 某公司历年员工人数的统计变化图

（图中标注：■ 除2008年外，企业员工规模不断扩大；■ 截至2011年12月31日，企业员工人数已达27 951人）

6.4.5 市场基准

人力资源审计还必须关注行业乃至竞争对手的最佳实践基准，确定现行管理模式与最佳实践之间的缺口。战略人力资源的审计切记不可闭门造车，最佳方式是了解市场动态，在学习中创新，不断寻找自己的道路。企业要了解行业内市场基本情况、平均水平等信息，将其与从自身提炼出的相关信息进行对比分析，找出差距与优势。这就是人力资源审计的过程，企业进行的以上一系列研究分析将大大提高人力资源审计的质量，也将很大程度上提升企业做出正确战略决策的可能性。同时，在内部审计时，也要进行各部门之间的比较，方法与行业内的外部市场审计类似。图 6-8 显示了部分企业 2011 年资产净利率比较。

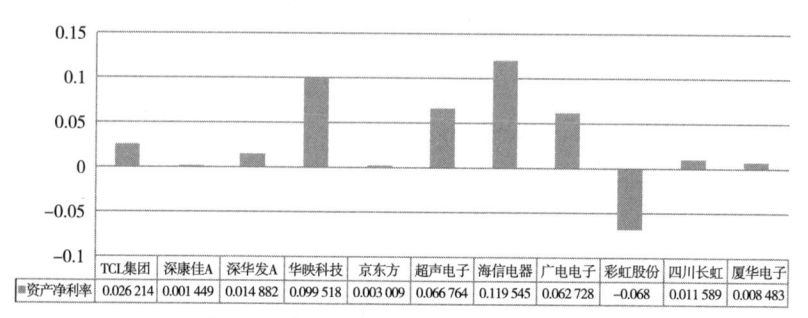

	TCL集团	深康佳A	深华发A	华映科技	京东方	超声电子	海信电器	广电电子	彩虹股份	四川长虹	厦华电子
资产净利率	0.026 214	0.001 449	0.014 882	0.099 518	0.003 009	0.066 764	0.119 545	0.062 728	-0.068	0.011 589	0.008 483

图 6-8　部分企业 2011 年资产净利率比较

6.5　人力资本审计

6.5.1　人力资本审计的特点

经过对一系列经典案例的研究，我们认为人力资本审计具有以下特点。首先，相对于人力资源审计，人力资本审计不仅关注企业相关人的管理程序和制度，还将视角拓展到了人际关系、价值观念、文化等影响员工精神层面的因素。其次，人力资源审计在一定程度上对环境是有忽略的，而人力资本审计在这方面具有优越性。人力资本审计更加强调企业经营所处的复杂环境特征，由此更加重视企业所需知识能力的形成，而不仅仅关注程序实践的经济性、效率和效果，更加具有长远目标与眼光。最后，人力资本审计将审计的对象定位在知识能力，而人力资源审计主要定位在人的程序性管理上。相比之下，人力资本审计更加灵活，层次也更高，由此能够更好地把握价值的形成，有利于促进企业持续竞争力的形成和保持。

  福特汽车公司就是一个非常好的例子，非常恰当地体现了人力资本审计的以上特点。福特汽车北美公司开发了技术准备审计。该公司进行的技术准备审计有以下程序：首先，由高层管理者和关键人员审定公司所需的技能、知识、方法、程序和技艺。其次，设计能力清单，对要审计评价领域的员工进行调查；根据数据分析构造技能和知识应用矩阵，作为企业界定组织内的人力资源资产和债务的诊断工具。再次，将员工划分为知识资产、知识负债、知识保留者和非直接潜力四种。只有一个组织和部门的人员大多处于知识资产类型（拥有知识并被指派学有所用岗位），才称该组织为技术具备组织（Technologically Ready Organization）。最后，对企业扩大知识资产类型的人员提出改进计划（戚振东，孙晓华，段兴民，2007）[68]。

6.5.2 人力资本审计模型：SVRAT 模型

人力资源管理的基本对象是人。因此，对人自身的审计应该是人力资源审计的重要内容。在人力资源管理中，一旦提到人自然就想到人的性别、年龄等特征，这属于人力资本结构中的人口统计学结构的要素，但人力资本结构还包括职位、部门等工作特征结构与影响力、成就动机等素质结构。这些结构特征可能在很大程度上既决定了人力资本的价值，又决定了人力资本的收益；前者指的是人力资本对组织的贡献，后者指的是人力资本因为这种贡献而获得的回报。如果从总报酬模型来看，人力资本收益就不仅限于经济回报了。更重要的是，这个回报会影响人力资本倾向，即人对组织的态度或满意度，而人力资本倾向是人力资本流动的先行指标。

由此，我们可以构建一个人力资本审计模型——SVRAT 模型，如图 6-9 所示。SVRAT 模型包括：人力资本结构审计（Human Capital Structure Audit）、人力资本价值审计（Human Capital Value Audit）、人力资本收益审计（Human Capital Rewards Audit）、人力资本倾向审计（Human Capital Attitude Audit）、人力资本流动审计（Human Capital Turnover Audit）等。这个模型不仅呈现了人力资本审计的

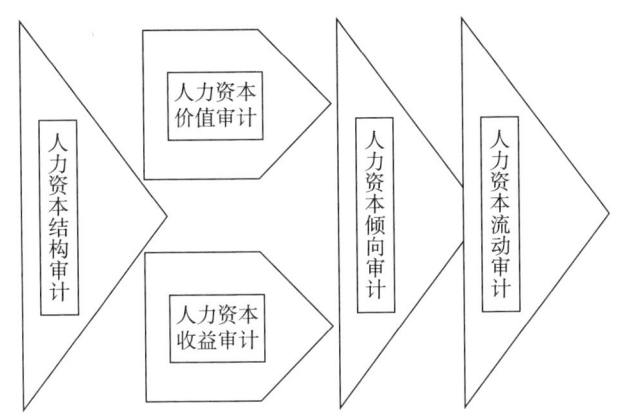

图 6-9　人力资本审计模型：SVRAT 模型

内容模块，而且试图展现这些模块之间的逻辑联系。

　　模型始终是一种高度提炼与简洁的展示，是思想层面的，而管理实践则要求明确具体与实际可行，是行动层面的。这就是既需要一个人力资本审计模型，又需要一个人力资本审计清单的理由。首先，人力资本结构包括三个方面：人的自然属性结构（人口统计学结构）、人的职业属性结构（工作特征结构）、人的个性行为能力属性结构（素质结构）。其次，人力资本价值审计与人力资本收益审计在内容上是最显而易见的，包括价值审计、收益审计以及价值收益比审计等。但鉴于人力资本收益理论与实践的巨大发展，人力资本收益审计必须扩展到总报酬审计层面。再次，人力资本倾向审计关心的是人的态度。通常情况下，组织既进行定期审计，也会在特定事件发生后进行专项审计；既有总体的员工满意度审计，也有专门领域的满意度审计等。最后，人力资本流动审计。人力资本流动是劳动力市场最为突出的现象，也是组织最为头疼的人力资源管理领域。人力资本事务性流动、人力资本职业性流动、人力资本功能性流动是人力资本流动审计的三大组成部分。

6.5.3　人力资本结构审计

人力资本结构审计是战略人力资本审计中最基础的部分，它包括人口统计学结构、工作特征结构以及素质结构。各类组织经常进行的对组织员工的性别、年龄、学历结构等方面的分析属于人口统计学结构；而对职称（职业资格证书）、工作年限、专业、部门、层次、功能（业务与支持）、海外经历等结构方面的分析都属于工作特征结构领域；素质结构包括严谨、影响力等个性与行为能力特征。人力资本结构审计的主要任务包括四个方面：(1) 把握组织人力资本结构的状况；(2) 确定现行的人力资本结构与组织战略所要求的理想的结构之间的缺口；(3) 把握人力资本结构的动态变化，并将这种变化与组织战略的变化联系起来；(4) 把握行业竞争对手的人力资本结构及其变化,并将其作为基准,确定组织与行业最佳实践的差距。

6.5.4 人力资本价值审计与人力资本收益审计

人力资本是提升组织绩效的重要手段(Hsu,2008)[69]。人力资本价值是指人力资本为组织创造的价值;而人力资本收益则是指人力资本从组织中所获取的收益;人力资本价值收益比就是人力资本价值与人力资本收益的比值,可以定义为每货币单位人力资本收益所创造的价值。

6.5.5 人力资本倾向审计

人力资本倾向审计可以理解为现行人力资源管理实践中的员工态度调查,但人力资本倾向审计不仅包括总体的员工满意度审计,还包括专项的满意度审计(如薪酬满意度、工作环境满意度等);不仅包括定期审计,还包括针对组织发生的特定事件的满意度审计(如组织发生重大变革、重大事故等);不仅包括满意度调查的直接结果的分析,还包括员工满意度的动态变化以及员工满意度在行业内的比较等。因而,人力资本倾向审计是对员工满意度调查的扩展和深度利用,以期挖掘更多的有用信息,利于组织人力资源管理决策。

6.5.6　人力资本流动审计

广义的人力资本流动是指人力资本与工作的分离，或暂时的，或永久的。人力资本流动包括三个部分：事务性流动、职业性流动和功能性流动（如果狭义地理解，人力资本流动仅指职业性流动）。相应地，人力资本流动审计包括人力资本事务性流动审计、人力资本职业性流动审计和人力资本功能性流动审计等三个组成部分。

人力资本功能性流动是指由于员工生理或心理状态的变化导致无法胜任工作要求并因此结束职业生涯的流动。人力资本功能性流动按照流动的原因可以分为三类：因病流动、因伤流动和因老流动。因病流动是指员工因各类生理或心理疾病而从本组织工作岗位上退出职业生涯；因伤流动是指员工因严重的工伤或非工伤而无法胜任工作，因而从本组织工作岗位上退出职业生涯；因老流动是正常的功能性流动，是指员工因年老而退出职业生涯。基于人力资本功能性流动的分类，可用三个指标来进行人力资本功能性流动测量和审计，分别是病休率、伤休率和退休率（杨伟国，2015）[64]。

6.5.7 上市银行的人力资本竞争力审计

以下内容采自 2012 年所做的关于上市银行人力资本竞争力的审计报告。图 6-10 是部分上市银行的人力资本收益竞争力。

银行	指数值（%）	实际值（万元/人）
浦发银行	100	40.05
招商银行	92.57	37.07
民生银行	83.57	33.47
中信银行	82.82	33.16
北京银行	82.57	33.06
宁波银行	80.51	32.23
平安银行	73.89	29.59
光大银行	73.61	29.48
华夏银行	73.22	29.32
南京银行	71.86	28.78
兴业银行	65.68	26.30
工商银行	55.79	22.34
建设银行	55.05	22.05
交通银行	54.14	21.68
中国银行	53.07	21.25
农业银行	47.53	19.03

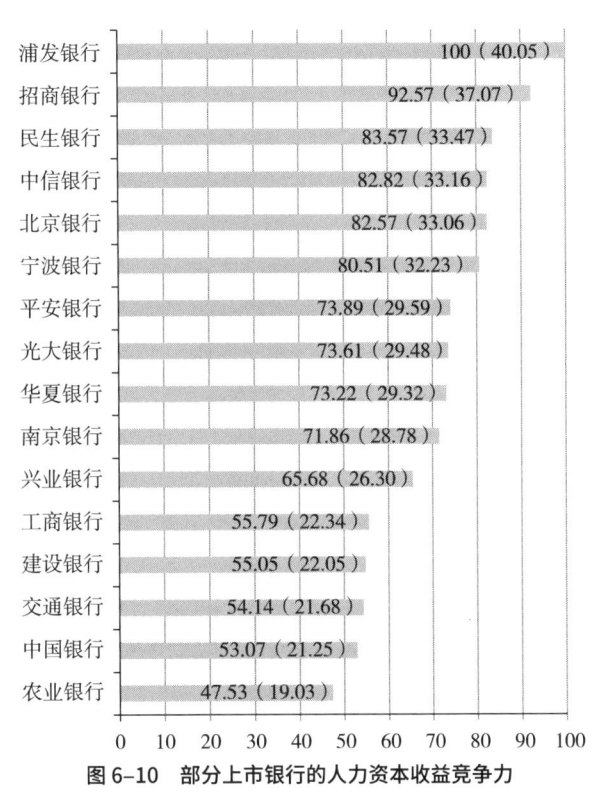

图 6-10 部分上市银行的人力资本收益竞争力

注：括号外为指数值（单位：%），括号内为实际值（单位：万元/人）。

人力资本收益就是个人在公司里获得的全部收益，通常情况下就是工资和奖金。比如，浦发银行在 2012 年时人均收入就能达到 40 万元，很有竞争力。但是需要说明一下，很多银行的人工成本收益的数据是不可靠的，因为其前台和柜员等岗位是外包的，这些岗位上员工的收益并没有被计算在内。这种做法存在不科学、不合理之处。

图 6-11 是部分上市银行的人力资本价值竞争力。

银行	指数值（实际值）
北京银行	100（10.19）
兴业银行	76.84（7.83）
交通银行	69.31（7.06）
南京银行	64.14（6.53）
中信银行	64.01（6.52）
光大银行	62.43（6.36）
民生银行	61.45（6.26）
宁波银行	59.10（6.02）
建设银行	58.80（5.99）
浦发银行	58.05（5.91）
华夏银行	57.70（5.88）
中国银行	56.00（5.70）
工商银行	55.21（5.62）
平安银行	54.38（5.54）
招商银行	50.60（5.15）
农业银行	47.20（4.81）

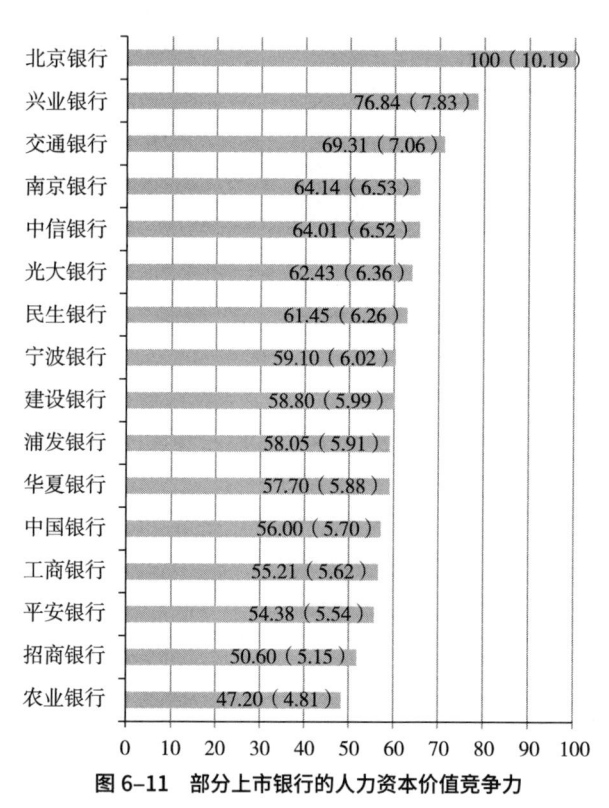

图 6-11　部分上市银行的人力资本价值竞争力

注：括号外为指数值（单位：%），括号内为实际值（单位：万元 / 人）。

人力资本价值竞争力衡量的是一元钱的人工成本的投入

能产生多少利润。很多公司人力资源成本分析用的都是人均利润和人均营收。这些数据有一定意义，但意义不大。现在是人力资本时代，每个人拿的工资差异很大，计算人均工资有什么意义呢？

图 6-12 是上市银行人力资本竞争力矩阵。此矩阵把上市银行的人力资本价值竞争力和人力资本收益竞争力在坐标中标记出来。这样就能进行两个维度的比较，主要是看银行处在哪一个位置，和最卓越者相差多少。

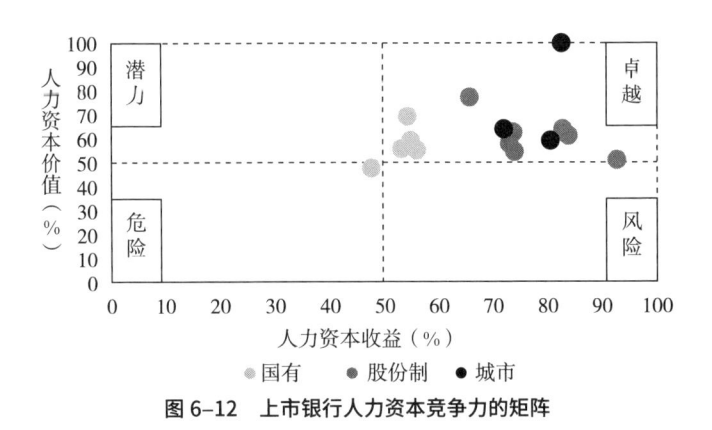

图 6-12　上市银行人力资本竞争力的矩阵

6.6　科技革命催生人力资本经营新生态

综上，人力资本经营模式包含六大要素：人才配置、深度赋能、绩效牵引、激励强化、服务支持、审计约束。人才配置是第一位的,深度赋能、绩效牵引、激励强化和服务支持都是服务于人才配置的,审计约束则是兜底,是我们规避风险的举措。

数字技术革命促进"人力资本经营"这一概念的出现。员工不再是公司的劳动力,每个业务都和个体联系在一起。数字技术变革将业务与人力资本融为一体,企业经营从本质上已经转型为人力资本经营系统,传统的人力资源管理正在消失。近年来,我国综合国力显著提升,与世界经济深度融合,供给侧结构性改革加速产业结构优化升级和新旧动能转换,为外籍人士和留学人员施展才华提供了广阔的舞台。据统计,2019年我国出国留学人员总数为70.35万人,较上一年增加4.14万人,增长6.25%;各类留学回国人员总数为58.03万人,较上一年增加6.09万人,增长11.73%;1978—2019年,各类出国留学人员累计达656.06万人,其中165.62万人正在国外进行相关阶段的学习或研究;490.44万人已完成学业,423.17万人在完成学业后选择回国发展,占已完成学业群体的86.28%[70]。中国即将迎来"进大于出"的人才历史拐点,从世界最大人才流出国转变为主要的人才回流国。

面对数字技术革命和人才流动拐点,如何"聚天下英才而用之"？组织人才管理需要回应未来变革：

（1）从战略人力资源管理到个性化人力资本管理。未来，公司内的每个员工都有为他量身定制的薪酬管理体系。

（2）从个性化人力资本管理到组织人力资本经营。组织人力资本经营就是把组织内部的个体转换成经营单位。

（3）从组织人力资本经营到社会人力资本经营——社会化用工大趋势。如何构建和我们相关的社会人都能为公司挣钱的生态体系？

数字化时代的主旋律不是在恒常中求胜，而是在流变中求生长[69]。因此，人力资源领域现在面对的问题是人力资本管理方法论的范式性转型。这里的范式，具体来讲就是大家都靠手机工作和生活，精确来讲就是智能工具和设备成为我们工作的基础。我们最大的挑战是如何从职能管理思维转换到组织经营思维，当然迎接这一挑战是我们唯一的选择。

科技革命通过数字化技术的广泛应用，变革了企业的组织形式、决策模式、产品服务、业务运营、组织文化等各个方面的管理实践，从根本上改变了组织模式，这是世界趋势。未来，期待我国广大人力资源从业者针对企业管理领域面临的全新挑战和机遇，围绕数字经济下的组织管理新理论与新范式，开展人力资源管理"第二曲线"的研究和实践探索，力争解决我国数字经济发展、企业转型升级中面临的各种关键性议题，为我国产业转型、经济增长和社会治理能力的提升做出贡献。

参考文献

[1] 汉迪. 第二曲线：跨越"S型曲线"的二次增长. 北京：机械工业出版社，2019.

[2] 吴俊宇. 数据库：阿里云的第二曲线. (2019-07-01). https://bbs.paidai.com/topic/1673523?v= 1594926474.

[3] 钱思，骆南峰，刘伊琳，等. 创业者如何提升企业创业绩效：靠人力资本还是社会资本？. 中国人力资源开发，2018，35（7）：157-167.

[4] 王伟，王海斌. "五星人力资源管理模型"构建与探索：HR角色与体系演进的视角. 中国人力资源开发，2019，36（3）：158-167.

[5] Ulrich D. Human resource champions: the next agenda for adding value and delivering results. Boston: Harvard Business School Press, 1997.

[6] 葛明磊，高欣东，张闪闪. 懂专业还是懂业务？多元

逻辑视角下 HRBP 培养机理研究——华为公司项目 HRBP 赋能案例. 中国人力资源开发, 2020, 37 (6): 72-84.

[7] 吴清军, 杨伟国. 共享经济与平台人力资本管理体系——对劳动力资源与平台工作的再认识. 中国人力资源开发, 2018, 35 (6): 101-108.

[8] 彭剑锋. 中国人力资源管理实践研究回顾. 中国人力资源开发, 2018, 35 (11): 12-18.

[9] 李育辉, 唐子玉, 金盼婷, 等. 淘汰还是进阶？大数据背景下传统人才测评技术的突破之路. 中国人力资源开发, 2019, 36 (8): 6-17.

[10] HRsee. 华为如何做到人岗匹配？. (2020-03-12). http://www.hrsee.com/ ?from=groupmessage&id=1392.

[11] 2019 德勤全球人力资本趋势报告. http://online.fliphtml5.com/zagic/cfnk/#p=20.

[12] Li Z, Hong Y, Zhang Z. Empowerment or substitution? Entry of platform-based sharing economy on the local labor markets. In 39th International Conference on Information Systems, ICIS 2018. Association for Information Systems.

[13] 杨滨伊, 孟泉. 多样选择与灵活的两面性：零工经

济研究中的争论与悖论. 中国人力资源开发，2020，37（3）：102-114.

[14] 肖巍. 灵活就业、新型劳动关系与提高可雇佣能力. 复旦学报（社会科学版），2019，61（5）：159-166.

[15] Schultz T W. Investment in human capital. The American Economic Review, 1961, 51(1): 1-17.

[16] 刘寒松. "互联网+"新业态下雇佣关系的变化. 企业管理，2019（7）：122-123.

[17] Wright P, McMahan G, McWilliams A. Human resources and sustained competitive advantage: a resource-based perspective. International Journal of Human Resource Management, 1994, 5(2): 301-326.

[18] 殷丽萍. 诺基亚，失败的创新者. 中外管理，2013（8）：34-35.

[19] 杨伟国. 改革开放40年，人力资源事业更需要信仰. 中外企业文化，2019（1）：26-27.

[20] 罗文豪. 数字化转型中的人力资源管理变革. 中国人力资源开发，2020，37（7）：3.

[21] 周晓新，谢册. 大型企业领导力培训体系构建模式初探. 中国人力资源开发，2013（1）：69-72.

[22] 王雁飞, 张静茹, 林星驰, 等. 教练型领导行为研究现状与展望. 外国经济与管理, 2016, 38 (5): 44-57.

[23] 曾颢, 赵宜萱, 赵曙明. 构建工匠精神对话过程体系模型——基于德胜洋楼公司的案例研究. 中国人力资源开发, 2018, 35 (10): 124-135.

[24] 天外伺朗. 绩效主义毁了索尼. 商界（中国商业评论）, 2007 (3): 120-123.

[25] 孙鹏程. 让KPI"入乡随俗". 企业管理, 2018 (2): 40-42.

[26] 崔健, 李晓宁, 杜鹏翾. 企业绩效管理体系国内研究述评: 2002—2017. 会计之友, 2019 (3): 41-45.

[27] 杜尔. 这就是OKR. 北京: 中信出版社, 2018.

[28] 汪亚莉. OKR绩效管理体系研究——以谷歌为例. 纳税, 2018 (1): 237.

[29] 杜义国. 目标与关键成果法: 新时代政府提升战略执行力的方法选择. 领导科学, 2020 (4): 41-44.

[30] 伊斯梅尔, 马隆, 范吉斯特. 指数型组织: 打造独角兽公司的11个最强属性. 杭州: 浙江人民出版社, 2015.

[31] HRsee. Facebook的OKR绩效管理案例. (2017-12-12). http://www.hrsee.com/?id=556.

[32] 陈春花. 激活个体. 北京：机械工业出版社，2015.

[33] 施密特，罗森伯. 重新定义公司：谷歌是如何运营的. 北京：中信出版社，2019.

[34] HRsee. 韩都衣舍的阿米巴经营模式.（2019-02-20）. http://www.hrsee.com/?id=1029.

[35] 张小峰."自组织"——移动互联时代企业管理方式变革新举措. 中国人力资源开发，2015（8）：15-18.

[36] 费舍尔，拉戈，刘方. 海尔再造：互联网时代的自我颠覆. 北京：中信出版社，2015.

[37] 汉迪. 个人与组织的未来. 北京：中国人民大学出版社，2006.

[38] HRsee. 华为 VS 中兴：赢在激励机制.（2016-11-26）. http://www.hrsee.com/?id=398.

[39] HRsee. 格力的薪酬管理案例.（2020-04-26）. http://www.hrsee.com/?id=1418.

[40] 星巴克的员工为什么挖不走？真相令所有人大吃一惊.（2018-07-29）. https://www.sohu.com/a/243997545_693172.

[41] 刘昕，贾蔷. 职位评价方法的演变历程及其最新进展. 中国人力资源开发，2011（7）：36-40.

[42] Allen R C. American exceptionalism as a problem in global history. The Journal of Economic History, 2014, 74(2): 309-350.

[43] 宋晶, 陈园园. 效率工资理论核心假设的质疑与拓展. 财经问题研究, 2016（8）: 17-22.

[44] 王云魁, 李浩翔. 金融发展与人力资本增长——基于我国省际面板数据模型的实证分析. 金融发展评论, 2017（4）: 130-137.

[45] 李林汉, 田卫民. 科技金融、人力资本与科技创新关系研究——来自中国省级面板数据的证据. 科技促进发展, 2019, 15（1）: 26-35.

[46] 郝玉明. 总报酬经济学分析的内涵与外延. 北京行政学院学报, 2014（4）: 96-101.

[47] 尹美群, 盛磊, 李文博. 高管激励、创新投入与公司绩效——基于内生性视角的分行业实证研究. 南开管理评论, 2018, 21（1）: 109-117.

[48] HRsee. Google（谷歌）的员工激励方案.（2019-08-02）. http://www.hrsee.com/?id=1078.

[49] 陈国海, 马海刚. 人才服务学. 北京: 清华大学出版社, 2016.

［50］于苗苗.人工智能时代人力资本对现代服务业就业的影响研究.北京科技大学学报，2020，36（2）：82-88.

［51］Ellen R M, Edward C P. Openness, technology capital and development . Journal of Economic Theory, 2009, 144(6): 2454-2476.

［52］Ellen R M, Edward C P. Technology capital and the US current account . The American Economic Review, 2010, 100(4): 1493-1522.

［53］田永坡.人力资源服务业四十年：创新与发展.中国人力资源开发，2019，36（1）：106-115.

［54］服务外包的成功案例.（2019-06-25）. https://max.book118.com/html/2019/0624/8054041127002031.shtm.

［55］蔡治.大数据时代的人力资源管理.北京：清华大学出版社，2016.

［56］马海刚，彭剑锋，西楠.HR+三支柱：人力资源管理转型升级与实践创新.北京：中国人民大学出版社，2017.

［57］HR在大数据领域应用案例及相关思考.（2019-04-28）.https://baijiahao.baidu.com/s?id=1632059542602084303.

［58］吴清军，陈轩，王非，等.人工智能是否会带来大

规模失业——基于电商平台人工智能技术、经济效益与就业的测算. 山东社会科学, 2019（3）：73-80.

[59] 谁能详细介绍下亚马逊的"土耳其机器人". (2012-06-06). https://www.zhihu.com/question/20279895.

[60] HRsee. 弹性工作制的优势与劣势. (2020-07-03). http://www.hrsee.com/?id=1493.

[61] 人力资源管理新实践：员工5小时工作制，工资还不变. (2018-06-05). http://www.hrsee.com/?id=694.

[62] 某省人力资源社会保障大数据平台建设案例. (2018-09-03). https://www.doc88.com/p-4807809804413.html?r=1.

[63] Nutley S. Beyond systems: HRM audits in the public sector. Human Resource Management Journal . 2000, 10(2): 21-38.

[64] 杨伟国. 战略人力资源审计. 3版. 上海：复旦大学出版社, 2015.

[65] Schwind H F, Das H, Wagar T. Canadian human resource management: a strategic approach . 6th ed. Toronto: McGraw-Hill Ryerson, 2001.

[66] Miami-Area companies urged to perform human

resources audit. The(FL)Miami Herald, 2000.

［67］杨颖 . FRAIP 模型在电力企业人力资源审计中的应用 . 电力与能源，2019，40（1）：63-65.

［68］戚振东，孙晓华，段兴民 . 人力资本管理审计：人力资源审计发展的新阶段 . 中国人力资源开发，2007（5）：14-18.

［69］Hsu I C. Knowledge sharing practices as a facilitating factor for improving organizational performance through human capital: a preliminary test . Expert Systems with Applications, 2008, 35(3): 1316-1326.

［70］2019 年度出国留学人员情况统计 .（2020-12-14）. http://www.moe.gov.cn/jyb_xwfb/gzdt_gzdt/s5987/202012/t20201214_505447.html.